KB164321

대한제국 마지막 황실

대한제국 마지막 황실

이해경 쓴

의친왕의 딸이자 마지막 왕녀가

말하는 구한말의 진실

유아이북스

대한제국을
회상하며

나 이해경李海瓊은 대한제국의 왕녀이다. 내 아버지는 의친왕이시고, 내 할아버지는 대한제국을 세우신 고종 황제이시다.

이제껏 나를 만난 사람들이 나에게 가장 많이 물어본 것은 대한제국의 역사에 관한 것이 아니었다. 그들은 내가 왕의 딸로서, 황제의 손녀로서, 역사책에 나오는 사람들의 가족으로서 살았을 때 어떤 심정이었는지를 가장 궁금해 했다. 또 왕녀로서 궁 안에서 살았던 나의 어린 시절은 어떤 모습이었는지에 대해서도 많이 묻곤 한다.

내가 궁에서 자랐다고 하면 사람들은 우선 '얼마나 호강을 많이 했을까?'라고 생각한다. 물론 호강을 한 것은 확실하다. 나는 대학에 들어갈 때까지 혼자서 목욕을 해본 적이 없다. 열다섯 살까지는 나만 전적으로 돌봐 주는 전담 유모가 있었다. 유모가 아니라도 시중드는 사람이 늘 옆에 있어서 사소한 일까지도 도와주고 대신 해

주었다. 또 자동차가 귀하던 그 옛날 가까운 거리에 있던 학교까지 자동차를 타고 다녔다. 입학 초에는 점심시간, 친구들이 차가운 도시락을 먹을 때 나는 궁에서 지어 온 따뜻한 점심을 숙직실에서 따로 먹곤 했다.

그러나 그런 삶이 즐겁고 행복한 것만은 아니었다. 호강한 만큼 규칙과 법도에 속박되어야 했다. 궁 안에서는 '이렇게 하지 마라', '저것도 하지 마라'라는 말을 귀에 못이 박히게 들었다. 또 우리 가족을 주목하는 사람이 많았는데 그들의 눈 밖에 나는 행동을 하지 않도록 각별히 주의하며 살아야 했다. 친구조차도 마음대로 사귈 수 없었고, 궁 밖으로 자유롭게 놀러 나갈 수도 없었다. 마치 깔끔하고 점잖은 감옥에 갇힌 것 같은 나날이었다.

일제강점기 후반, 제2차 세계대전이 한창일 때 나는 학창 시절을 보냈다. 남의 나라 일본이 일으킨 전쟁 뒤치다꺼리를 하느라 공부는 뒷전으로 미룰 수밖에 없었다. 성인이 된 후에는 6·25전쟁 등 여러 가지 고난의 세월을 겪어야 했다. 물론 그런 일들은 온 국민이 함께 겪었던 고난들이다. 우리 가족도 예외 없이 굶주림과 비참한 피란살이에 시달렸다. 오히려 '특별한' 가족이었기에 더 큰 공포와 절망감에 빠져들었는지도 모른다.

휴전이 된 후에도 상황이 썩 나아지지는 않았다. 대한민국의 이승만 정부가 황실을 박대하고 재산을 다 빼앗았기 때문이다. 경제적으로 궁핍해졌을 뿐 아니라, 정신적인 상실감과 배신감 등에 시달려야 했다. 물론 그 어려웠던 시절 끼니나마 제대로 때우고 산 게 어디냐고 하면 할 말은 없다.

하지만 마음이 늘 불편했다. 말 많은 집안, 불만에만 가득 차 있는 가족들. 그들이 모여 나누는 대화는 한 시간만 듣고 있어도 골치가 아파서 자리를 박차고 나오지 않으면 안 될 정도였다. 정말 난 미칠 지경이었다. 그렇다고 뾰족한 해결책도 없었다. 그래서 나는 도망치기로 작정했다.

20대의 나는 그렇게 고통스러웠던 나의 인생의 굴레에서 하루속히 벗어날 수 있기만 간절히 바라고 있었다. 그러다 어렵사리 얻은 유학의 기회는 나를 속박에서 풀어 주는 해방의 종소리와도 같았다. 그래서 고국과 가족을 떠나면서도 섭섭한 마음조차 들지 않았다.

'이 고국산천을 보는 것이 이제 마지막이겠지. 이 땅에서 26년 동안 살아온 나의 과거는 이제 말끔히 지워버리자. 딴사람이 되어 이국땅에 뼈를 묻게 되더라도 다시는 이 땅에 돌아오지 않겠다.'

미국 유학길에 올라 김포공항을 떠나는 비행기 안에서 나는 이렇게 다짐했다. 떠나기 전 안동 별궁別宮에서 지밀 어머니(의친왕비)께 인사를 드릴 때도, 정릉동 별장에서 윤 대비 마마께 인사를 드릴 때도 공부를 마치고 돌아오겠다고 약속했다. 하지만 그것이 거짓 약속임을 나는 그때 이미 알고 있었다.

마음을 정리하니 눈물도 메말라 버렸는지 한 방울도 나오지 않았다. 단지 나무 하나 없는 시뻘건 민둥산들과 전쟁의 상처로 폐허가 된 서울을 비행기 안에서 내려다보니 안타까운 생각이 들었을 뿐이다.

'그래, 이제 떠난다. 잘 있어라, 나의 조국아!'

그렇게 훌쩍 한국을 떠난 때가 1956년이었다. 그로부터 지금까지 60년이 훌쩍 넘는 긴 세월이 흘렀다. 고국을 떠날 때 20대 중반의 청년이었던 나는 벌써 아흔을 바라보는 노인이 되었다. 누군가는 나를 한국 근현대사의 살아 있는 증인이라고 부르기도 했다. 한 세기 가까운 세월을 살면서 정말 많은 일을 겪었기 때문이다.

내가 겪은 그 많은 일에 대한 기억이 아직은 생생하다. 기억의 실마리를 잡으면 내 안에 쌓여 있던 과거의 일들이 실타래 풀리듯 술술 풀려나온다. 그리고 나의 부모님과 내 어린 시절이 더욱 소중하게 여겨지고 그분들과 그 세월이 그리워진다. 이제 그 기억들이 더 희미해지기 전에 지나간 시간을 돌이켜 격동의 세월을 회고하고자 이 책을 썼다.

1997년에 나는, 《나의 아버지 義親王》(도서출판 진)을 펴낸 바 있다. 그 책의 주인공은 아버지 의친왕이었다. 그동안 그 책의 내용은 대한제국과 아버지에 대해 언급한 여러 책에 부분 인용되기도 했다. 의친왕의 딸인 나의 개인적인 기록이 인용될 정도라면 그만큼 대한제국 황실 가족에 대한 객관적인 기록이 많지 않다는 얘기이다.

내가 이번에 새로 쓰는 이 책의 주인공은 바로 '나', 이해경이다. 물론 전에 펴냈던 《나의 아버지 義親王》의 내용과 겹치는 부분도 많다. 어차피 두 책 모두 나와 내 가족이 살아온 이야기를 적은 것이기 때문이다. 그런데도 불구하고 내가 이렇게 나의 이야기를 다시 쓰는 이유는 다음과 같다. 첫째, 왕녀로 태어나 민간인이 되어, 또 재미 동포가 되어 파란만장한 삶을 살아온 나의 삶의 여정을 정리하기 위해서이다. 둘째, 대한제국의 황자였던 내 아버지 의친왕에 대한 왜곡된 평가를 바로잡고 싶은 마음에서다. 다른 많은 책에 그 내용이 인용되었던 《나의 아버지 義親王》이 이제는 자료로 구하려야 구할 수 없는 희귀본이 되었다고 한다. 이 점도 나로 하여금 아버지와 우리 가족의 이야기를 다시 쓰도록 만들었다. 마지막으로는 이제껏 나의 인생에 도움을 베풀어 주신 분들을 다시 떠올려 그분들께 감사의 마음을 전하고 싶어서이다.

이제 한 세기에 가까이 이어진 나의 이야기를 시작하며 이 책을 내기까지 많은 도움을 준 일진사 이정일 사장, 미국까지 세 번이나 찾아와 나를 인터뷰하여 기억을 일깨운 이후재 종친, 고종 황제의 증손자이며 대한제국의 황사손인 이원 조카, 역사 칼럼니스트인 황인희 작가에게 감사의 인사를 전한다.

2017년 5월
이해경

제4부 ❀ 나의 아버지 의친왕

제5부 ❀ 나의 어머니 의친왕비

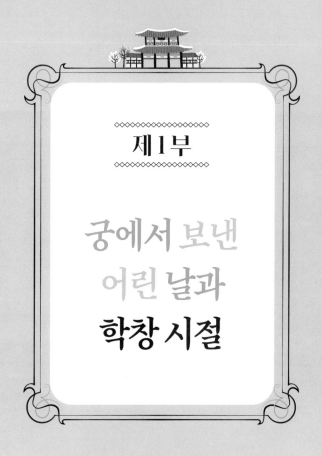

제1부

궁에서 보낸
어린 날과
학창 시절

　1912년 창덕궁 인정전에서 찍은 것으로 추정되는 대한제국 황실 가족의 사진. 고종 황제 회갑 기념으로 촬영된 희귀본으로 고종 황제는 당시 이 사진을 가까운 신하들에게 기념으로 나누어 주었다고 전해진다. 왼쪽부터 의친왕, 순종 황제, 덕혜옹주, 영친왕, 고종 황제, 순종비인 순정효황후, 의친왕비, 이건.

부모님의 만남,
생모와의 이별

나는 1930년에 태어났다. 아버지 의친왕義親王의 성북동 별장 성락원城樂園(현 예지원 자리)에서였다. 의친왕은 대한제국을 세우신 고종 황제의 다섯째 아드님이시다. 나는 고종 황제의 손녀이며 의친왕의 다섯째 딸이다. 나의 생모 김금덕金今德 여사는 신여성이었다. 태생이 활달했던 생모는 열일곱에 고향인 하동河東을 떠나 서울로 올라와 학교에 다녔다. 당시는 여성에게 교육과 사회생활의 기회가 제대로 주어지지 않을 때였다. 그럼에도 나의 생모는 경성보육학교를 졸업하고 보험회사에서 근무하고 있었다.

그렇게 활동적이던 생모는 어느 날, 누군가의 소개를 받아 아버지께서 살고 계시던 사동궁寺洞宮(서울 종로구 관훈동 196번지 일대, 옛날 종로예식장 자리)에 방문하게 되었다. 보험 가입을 권유하기 위해서였다.

나의 출생의 계기가 된 아버지
와 생모의 인연은 우연으로부
터 시작되었다. 사랑채에서 우
연히 바깥을 내다보시던 아버
지께서 생모를 보신 것이다.

"안채로 들어가는 저 여자
는 누구인가?"

최신식 퍼머넌트 머리에 뾰
족구두를 신은 생모를 보고 아
버지께서는 호기심이 생겼다.

대한제국 때 의친왕의 당당한 모습

보험회사에 다니는 여자라는 말을 듣고 뒤로 신원을 조사해 본 아버
지는 생모가 경성보육학교 졸업생이라는 것을 아시게 되었다.

"그 여자를 보모로 채용해서 우리 아기들을 돌보게 해라."

이렇게 하여 생모는 사동궁에 들어와 살게 되었다. 당시 보험회
사 사원 월급은 25원이었다. 그런데 궁에서 주는 보모 월급은 100
원이었다. 갑자기 네 배나 많은 월급을 준다고 하니 귀가 솔깃해지
는 제안이었을 것이다. 게다가 궁은 아무나 들어와서 살 수 있는 곳
이 아니었다. 스무 살도 채 안 된 처녀에게 궁에서 살라는 제의는 거
절하기 어려운, 꿈과 같은 이야기였다.

내가 태어나기 전의 생모에 대한 이야기는 수덕당의 둘째 해원
언니가 들려주었다. 생모는 날마다 오빠와 언니들을 데리고 노셨다
고 한다. 해원 언니는 아버지와 어머니의 만남에 대해 이렇게 이야

기했다.

"네 어머니가 우리를 데리고 노는데 아버지께서 독수리같이 채 가시더니 네가 태어났지."

내가 태어난 후부터 생모는 더 이상 언니 오빠들의 보모가 아니었다. 사동궁 뒷문 밖에 있는 별채에서 나를 기르며 별도의 살림을 꾸리게 된 것이다. 생모에게는 월급 100원과 나의 양육비와 생활비로 매달 100원씩이 더 지급되었다.

그러나 생모는 가만히 집에 머물러 있지 못하는 활달한 성격의 소유자였다. 친구도 많았고 여기저기 무척 많이 돌아다녔던 모양이다. 다른 여인네처럼 아이를 키우며 조용히 아버지를 기다리지 않았다고 한다. 또 다른 여자들과 아버지의 사랑을 나누어야 하는 상황도 받아들이지 못했던 것 같다.

훗날 생모는 아버지와 헤어지고 재혼을 했고 아버지가 다른 동생들을 내게 만들어 줬다. 이부異父 동생이 내게 전해 준, 외할머니로부터 들었다는 이야기는 생모의 삶을 단적으로 말해 준다.

"제 어미가 젖도 먹이지 않고 돌아다녀서 그 애기(나)는 배가 고파 울어댔단다. 그러다 내가 국수를 삶아 주면 쭉쭉 잘도 빨아먹었지."

1930년, 내가 태어난 다음 달인 6월 아버지는 일제의 강압에 못 이겨 작위爵位를 내려놓고 일본에 가서 살고 계셨다. 그런데 아버지를 기다리다 지친 생모는 세 살 된 나를 들쳐 업고 현해탄을 건너 일본으로 갔다. 아버지와 담판을 짓기 위해서였다. 그때 성미가 괄괄했던 나의 생모가 일본에서 어떤 처사를 하셨는지는 알 수 없다. 아무튼 아버지께서는 그 일로 불같이 화를 내셨다고 한다. 그래서 사동궁에 있는 지밀 어머니에게 바로 전보를 치셨다.

"아기만 즉시 사동궁으로 데려오고 뒷대문을 잠가서 그 어미를 다시는 사동궁에 출입하지 못하도록 하시오."

당시 생모가 나를 데리고 살던 처소는 사동궁 뒷문 밖에 있었고 궁에 들어올 때는 뒷대문을 이용하도록 되어 있었던 모양이다. 지밀 어머니도 무척 화가 나셨던 것 같다. 어머니를 모시던 이 상궁은 그때의 상황을 내게 말해 주었다.

"그 난리법석에 의친왕비께서 어찌나 화가 나셨는지 내 어깨를 세게 때리기까지 하셨답니다."

지밀 어머니께서는 아버지의 명령을 어길 수 없었다. 생모에겐 못할 짓이었지만 할 수 없이 생모가 외출한 틈에 사람을 시켜 나를 데려오셨다고 한다. 그때부터 나는 생모와 헤어져 지밀 어머니인 의친왕비의 보살핌을 받게 되었다.

┃ 성북동 별장에서 찍은 4세의 이해경

너무 어릴 때의 일이라 기억은 잘 안 나지만 가끔씩 내가 살던 집의 이미지가 생각날 때도 있다. 그 시절 친척집에서 고양이하고 놀던 기억도 어렴풋이 떠오른다. 궁으로 옮겨

간 후 어느 날인지는 모르겠지만 생모가 성북동 별장으로 나를 찾아온 적도 있었다. 아이스크림을 사가지고 와서 나를 만나려고 별장지기 집에서 기다리고 있었다. 그래서 별장지기 오정근의 잔등에 업혀 그의 집에 가서 생모를 만나고 아이스크림을 먹었다. 이 모든 기억이 마치 꿈에서 본 그림처럼 아스라이 내 기억 속에 흘러가곤 한다.

순종비가 선물한 프랑스 인형과 함께 찍은 7세의 이해경

지밀 어머니는 내가 세 살일 때부터 나를 직접 기르고 보살펴 주신 분이다. 지밀至密은 왕과 왕비의 처소로, 궁궐의 가장 깊은 곳을 말한다. 안방을 가리키는 궁중 용어였던 셈이다. 우리 형제들은 저마다의 생모와 구별하기 위해 의친왕비를 지밀 어머니라고 불렀다. 그리고 자신의 생모에게 수덕당修德堂 엄마 혹은 수인당修仁堂 엄마라 불렀다.

하지만 나는 평소 그분께 직접 '지밀 어머니'라고 부른 적이 없다. 남들에게 그분을 말할 때만 관계를 확실히 하기 위해 다른 형제들처럼 '지밀 어머니'라고 불렀다. 나는 그분을 그냥 '어머니'라고 불렀다.

내게는 어머니가 네 분 계신다. 나를 길러 주신 의친왕비와 나를 낳아 주신 생모뿐만 아니라 '손님'이라 불린 유모와 호적에 나를 올려 주신 호적상 어머니도 계신다. 그러나 내가 어머니라고 부르는 분은 의친왕비인 지밀 어머니뿐이다.

지금은 세상이 달라져서 '엄마'라는 말이 아이나 어른이나 일반적으로 사용하는 호칭이 되었다. 그런데 그때 '엄마'라는 호칭은 생모를 지밀 어머니보다 약간 낮추는 의미에서 사용한 말이었다. 또 생모들은 자신의 자녀에게 '해라'라고 말하지 못했다. 비록 자신이 낳았지만 왕가의 혈통을 받은 아이들이었기 때문이다. 생모들은 자녀에게 "그러슈, 저러슈" 하는 하오체를 쓰는 것이 예법이었다. 물론 지금의 감각으로는 이해하기 어려운 예법이다.

한편 나의 생모는 오랫동안 거의 매일 "내 애기, 내 애기" 하면서 울며 다니셨다고 한다. 또 "무슨 일이 있어도 내 딸을 찾아가겠다"라며 수년 동안 사동궁 근처를 배회했지만 끝내 뜻을 이루지 못했다. 생모는 나를 다시 찾는 재판을 하겠다고 나서기도 했다고 한다. 하지만 그 시대에 그게 가능했을 리 없다.

"좋아, 그럼 내가 큰 부자한테 시집가서 내 애기를 데려올 것이야."

생모는 이렇게 얘기하고 전 부인의 아이가 다섯이나 있는 큰 부호 윤씨尹氏의 집에 후취로 시집갔다. 윤씨는 만주에 살던 동포로, 생모도 그를 따라 한동안 만주에서 살았다. 생모는 그 집에서 아이를 일곱 명이나 낳았다고 한다. 하지만 다 일찍 세상을 떠나고 세 명만 남았다. 이부동복異父同腹이지만 소중한 나의 동생들이다. 6·25 전쟁 때 부산으로 피란 가서 올데갈데없이 방황하다가 생모를 따라 대구로 가서 살 때 그 동생들을 만났다. 수복 후 서울로 돌아와서도 미국에 유학 갈 때까지 4년 동안 그들과 같이 살았다.

아기 때 헤어진 후 생모와 다시 만난 것은 내가 열세 살 때의 일이었다. 그녀가 나를 보고 싶어 한다고 수덕당을 통해 기별이 왔다며 지밀 어머니께서 말씀하셨다.

"금옥이가 너를 보고 싶어 한다니 가서 만나 보고 오너라."

'금옥'은 궁에서 부르는 나의 생모 이름이었다. 다른 데로 출가한 생모에게는 어머니라 부를 수 없었다. 그래서 나도 금옥이라는 호칭을 사용해야 했다. 궁의 이런 법도는 참으로 잔인했던 것 같다.

아무튼 지밀 어머니의 말씀을 듣고 나는 수덕당 큰언니인 해완 언니와 함께 화신상회和信商會(후에 화신백화점이 된 곳) 식당으로 갔다. 생모는 나를 보고 뛰어나와 손을 잡으며 반갑게 말을 걸었다.

"그동안 잘 있었느냐? 많이 컸구나."

그런데 나는 반가워하기는커녕 그냥 살그머니 내 손을 빼냈다. 그때 나는 '이 사람이 왜 나한테 '해라'를 하지?'라는 엉뚱한 생각을 했다. 궁에서는 어머니 의친왕비를 빼놓고는 모두 내게 존대를 했기 때문이다. 나중에야 생모에게 미안하다는 생각이 들었다. 당시 나는 어렸지만 그렇게 교만했던 모양이다.

생모는 때때로 귀한 옷을 선물로 보내 주시기도 했다. 그럴 때마다 지밀 어머니는 나를 불러 그 새 옷을 내주셨다.

"네 생모가 보낸 옷이니 이걸 먼저 입도록 해라."

언젠가는 호랑이 털로 만든 외투를 보내 주신 적도 있다. 그 외투를 입고 학교에 가는데 동네 개들이 덤벼들어 도망쳤던 기억이 지금도 생생하다. 언젠가 잠시 귀국했을 때 내가 우연히 그 옷 이야기를 했더니 넷째 언니인 길영 언니의 딸 숙경이가 "그 이상한 옷은 나중에 내가 물려 입었지요"라고 말해서 다함께 웃기도 했다.

인형 같이 살았던
어린 시절

▍ 길순(해완) 큰언니의 결혼식. 신부와 어머니 사이에 선 어린아이가 5세의 이해경.

돌이켜 보면 어린 시절 나는 인형 같은 삶을 살았다. 일상의 모든 것을 '애기손님'에게 의지하며 지냈다. 내가 생모 품을 떠날 때부터 15세가 될 때까지 나를 친딸처럼 키워 준 유모를 궁에서는 '애기손님'이라고 불렀다. 당시 궁에서는 시녀 이외에 직책을 맡아 수행하는 사람들의 공식 호칭이 '손님'이었다.

나의 '손님'은 세 살 때부터 내 어머니 역할을 대신 해준 분이다. 나는 일곱 살이 될 때까지 '손님'의 젖을 만져야 잠이 들었다. 그녀는 매일 아침 나를 깨끗이 씻기고 예쁘게 단장시켜 지밀 어머니에게로 데려갔다. 내 손님은 무척 깔끔한 사람이었던 것 같다. 내가 지저분한 상태로 다니는 것을 용납하지 않았다. 그때는 팥 간 것을 비누로 쓰고 소금으로 이를 닦았는데 손님의 손아귀 힘이 얼마나 센지, 씻을 때마다 아프다고 소리쳤던 기억이 난다.

지밀에 들어간 나는 어머니께 문안드리고 길영 언니와 겸상하여 밥을 먹었다. 길영 언니는 수길당의 따님으로 내 바로 위의 언니이다. 무슨 이유에서였는지 내가 궁에 들어갈 무렵 길영 언니도 생모를 떠나 궁에서 살고 있었다.

나보다 열 살이 많았던 길영 언니는 열두 살에 궁에 들어왔다. 그전까지 생모 밑에서 자유롭게 자라다가 별안간 엄격한 궁중 법도를 배우려니 어리둥절했을 것이다. 그래서인지 언제나 눈만 깜빡거리며 눈치를 봤다. 그 때문에 눈치를 본다고 자주 꾸중을 듣곤 했다. 언니와 함께 살 때 나는 어리다는 이유로 큰 꾸중을 듣지 않고 지냈다.

길영 언니는 궁에서 시집가기 위한 예절 교육을 받고 열일곱 살에 결혼했다. 지밀 어머니는 성대한 결혼식을 베풀어 주셨다. 형부는 신식 교육을 많이 받은 부호였다. 결혼 후 언니는 유학 가는 형부를 따라 일본 도쿄로 갔다.

궁에서는 아무리 어려도 예절은 다 지켜야 했다. 아니, 어릴수록 더 엄격하게 지켜야 한다고 했다. 어릴 때부터 철저히 지켜야 궁중 예절이 몸에 배기 때문이다. 밥 먹을 때는 반드시 한쪽 다리를 세우고 앉아서 먹었다. 맛있는 음식이나 내가 좋아하는 반찬이 있어도 덥석 젓가락을 갖다 대면 안 되었다. 충분히 사양하고 나중에 조금만 집어먹어야 했다.

궁의 음식들은 아주 깔끔했다. 너무 깔끔해서 오히려 맛이 없을 정도였다. 나는 상궁尚宮들이 먹는 구수한 시래깃국 같은 음식이 먹고 싶어서 일부러 식사 시간에 늦게 가기도 했다. 황실 가족의 식사 시간에 늦으면 상궁들과 함께 먹을 수 있었기 때문이다. 어머니께서도 가끔 상궁들에게 "나도 두메에서 자라 시래기 같은 거 좋아한다. 너희 먹는 것 좀 가져와라"라고 하셨다.

저녁 식사 후 나는 내 방으로 바로 돌아가지 못했다. 지밀의 방에 남아 어른들 곁에서 그분들이 하시는 이야기를 잠자코 듣고 있어야 했다. 어른들 말씀하실 때 말참견을 해서는 안 된다고 배웠기 때문에 한마디도 거들 수 없었다.

그 자리에 아버지께서 계실 때도 있었다. 아버지께서도 "아이들은 참여하지 말라"라며 시키지 않은 말은 못하게 하셨다. 그래서 아버지께서 물으시면 대답만 했다. 나는 이야기를 듣고 있다가 꾸벅꾸벅 졸기 일쑤였다. 그러면 어른 중 한 분이 "애기 데려가라"라고 말씀하셨고 그때마다 '손님'이 들어와서 나를 업고 내 방으로 데려갔다.

어른들의 말씀은 언제나 따분하고 재미없었다. 나중에는 꾀가 나서 일부러 졸음이 오는 척 꾸벅꾸벅 고개를 주억거리기도 했다. 그러면 어김없이 데려가라는 명이 내려졌고 '손님'이 나타나 나를 방으로 데려다주었다.

'손님'은 내가 열다섯이 될 때까지 나를 친딸 이상으로 보살피고 사랑해 주었다. 그녀는 예쁘지도 않은 나를 '단발 미인'이라고 불렀다. 어린 마음에도 그분이 고마웠는지 나는 그분에게 누가 시키지 않은 약속도 했다.

"내가 나중에 커서 돈 벌면 금가락지 사줄게."

내가 한국을 떠난 후에도 그분은 종종 궁에 들르셨다고 한다. 그때마다 내 소식을 무척 궁금해하시며 안부를 물으셨다고 한다. 하지만 어릴 때 했던 금가락지를 사준다는 약속은 끝내 지키지 못했다. '손님'은 내가 처음 귀국(1975년)하기 1년 전인 1974년에 세상을 떠났기 때문이다.

| 운현궁 노안당 앞뜰에서 사동궁 형제들과 올케인 이우 공 비 박찬주 언니의 형제들이 함께 찍은 사진. 일본에서 귀국한 둘째 오빠 이우 공을 만나러 형제들이 모였다. 뒷줄 오른쪽에서 두 번째가 이해경.

내가 미국으로 떠난 지 19년 만에 처음으로 한국에 돌아왔을 때 셋째 오빠의 부인을 만난 적이 있다. 그때 운현궁에 살고 있던 그분은 무척 반가워하며 나의 어린 시절을 회상했다.

"해경 아씨가 어렸을 때 마마(지밀 어머니)께서는 매우 귀여워하시면서도 한편으로는 엄하게 키우셨죠. 어릴 때 하루는 아씨가 방구석에 쪼그리고 앉아 가만히 눈물을 흘리고 계시더라고요. 왜 그러시냐고 제가 물었지요. 그랬더니 아씨는 '아니에요. 아까 고춧가루가 눈에 들어갔나 봐요'라고 말씀하셨어요."

올케언니의 말대로 어린 시절 나는 잘 울지 않는 아이였다. 대여섯 살 때 나도 모르게 눈물을 흘렸던 기억이 어렴풋이 생각난다. 슬픈 노래를 부르다가 나도 모르게 눈물을 흘렸던 것 같다. 그러나 성장한 후에는 좀처럼 남 앞에서 눈물을 보이지 않았다. 내가 눈물을 안 보이려고 노력한 데는 이유가 있다. 내가 지밀 어머니께 꾸중을 듣고 울기라도 하면 어머니는 무척 노여워하셨다.

"내가 친어미가 아니라서 조금 야단맞았다고 이리도 서러워하는구나."

이런 말씀을 듣고 나서부터는 아무리 서러운 일이 있어도 어머니 앞에서 눈물을 흘리지 않겠다고 마음먹었던 것이다. 그래서 나는 슬픈 일이 있을 때는 꾹 참고 있다가 내 방으로 돌아와서야 이불을 뒤집어쓰고 서럽게 울었다. 한번은 너무 서럽게 울다가 열이 나서 앓아누운 적도 있다.

"저 아이는 야단만 치면 병이 나니 야단도 못 치겠다."

어머니께서는 이렇게 말씀하시고 그 후부터 내게 심한 꾸중은 하지 않으셨다.

자식이 없었던 어머니 의친왕비는 내게 어머니 노릇을 하고 싶으셨던 것 같다. 하지만 어머니 곁에 있으려면 예법에 따라야 했다. 나는 예법을 지키는 것이 너무도 따분하고 싫었다. 어머니 앞에선 늘 얌전히 앉아 있어야 하니 그게 싫어서 어머니를 피해 도망 다닐 수밖에 없었다. 그런 나를 보고 어머니께서는 늘 섭섭해하셨다.

"내가 싫어서 도망가는구나."

한번은 어머니를 피하려다가 어머니가 안쓰러워져 "아니에요"라고 말하며 도로 가까이 간 적도 있었다. 그때 나는 어머니 무릎을 베고 누우며 말했다.

"어머니, 이런 것도 좀 해보고 싶은걸요."

내가 어머니께 부린 흔치 않은 어리광이었다.

하루는 어머니께서 딱딱한 엿을 입에서 녹인 뒤 내 입에 넣어 주셨다. 메슥거리면서 토할 것 같았다. 역한 것을 참느라 눈물이 날 지경이었지만 억지로 다 받아먹었다. 지금 생각해 보면 '살가운 어머니 노릇을 하고 싶으셨나 보다'라는 생각이 든다.

노래를 잘 부르는
붕아붕붕 아씨

나중에 성악가가 될 소질이 있었는지 나는 어려서부터 노래 부르기를 참 좋아했다. 아주 어릴 때 노래가 담긴 유성기판(레코드판)을 생모로부터 선물 받은 적이 있다. 그 노래의 가사는 이런 내용이었다.

연못가에 새로 핀 버들잎을 따서요.
우표 한 장 붙여서 강남으로 보내면
작년에 왔던 제비 푸른 편지 보고서
조선 봄이 그리워 다시 찾아옵니다.

나는 아직도 그 노래를 기억하고 있다. 어릴 때 방에 혼자 숨어 앉아 이 노래를 부르며 무척 많이 울었다. 아마도 그 판을 보내 줬다는, 얼굴도 잘 기억 못하는 생모를 생각하며 울었던 것 같다.

또 창덕궁에 들어갈 때마다 순종 황제의 비이신 윤 대비 마마께서 나보고 노래를 불러 보라고 하셨다. 그럴 때 나는 유치원에서 배운 것으로 기억되는 노래를 불렀다.

나는 음악가가 됩니다. 피아노를 칩니다.
붕아 붕붕붕 바이올린을 켭니다. 삐가 빙빙빙.

지금 그 노래의 가사를 다 기억하지는 못 한다. 그런데 대비 마마를 모시고 함께 사셨던 김씨는 그 노래를 부른 이후부터 나를 '붕아붕붕 아씨'라고 불렀다. 그분은 나중에 상궁이 된 김명길 씨다. 1975년 내가 미국에서 귀국하여 창덕궁에 들어갔을 때 김 상궁을 우연히 만났다. 나의 고모 되시는 덕혜옹주께 문안을 드리러 갔을 때이다. 수강재壽康齋 뒤에 상궁 세 분이 살고 있다는 소식을 듣고 그 방에 찾아갔더니 김 상궁이 달려 나왔다.

"아니, 이게 누구시오. 아이고, 붕아붕붕 아씨구려."

어린 시절의 나를 기억하는 김 상궁은 깜짝 놀라며 반겨 주었다.

창덕궁 낙선재에 가니 그 안에서 뛰어다니던 어린 시절이 생각났다. 낙선재 안을 망둥이처럼 뛰어다닌다고 황실 어른들께 혼도 많이 났다. 예전엔 그곳에 소극장도 있어서 무용수 최승희가 공연했던 적도 있다. 궁 안 어딘지 기억은 잘 안 나지만 구석에 있던 장독대에 올라가면 창경원 낙타가 보였다. 일본 사람들이 창경궁의 건물을 다

허물고 거기에 동물원을 만들었던 것이다. 어른들은 몹시 개탄해하셨지만 내 눈에는 신기한 장면이었을 뿐이다.

내가 어린 시절, 황실 어른들께서는 창덕궁과 운현궁, 사동궁에 살고 계셨다. 대궐이라 불리던 창덕궁에는 순종 황제의 계비인 윤대비 마마께서 사셨고 운현궁에는 흥친왕비 興親王妃, 영선군 군부인 永宣君 郡夫人 아주머니, 나의 둘째 올케 이우 공 비 박찬주 朴贊珠 언니가 사셨다. 내가 살던 사동궁에는 어머니 의친왕비가 계셨고 아버지 의친왕은 가끔 들르시는 정도였다. 고종 황제의 후궁 광화당 光華堂, 삼축당 三祝堂, 보현당 寶賢堂, 정화당 貞和堂 할머니들도 계셨다. 나는 연말연시가 되면 이분들께 묵은 세배, 신년 세배를 하러 다리가 아플 정도로 돌아다녀야 했다. 또 무슨 행사가 있을 때마다 창덕궁과 운현궁에 들어가야 했고 궁 밖에 사시는 아버지께도 한 달에 두 번은 문안을 드리러 갔다.

창덕궁에서 있었던 행사들이 특히 기억에 남는다. 후원에서 종친이 다 모여 떨어뜨려 놓은 밤을 줍는 습율회가 열렸고 연경당에서는 일 년에 한 번씩 궁 밖의 백성들이 사는 것과 같은 하루를 보냈다. 이날은 대비 마마께서 종친들과 함께 지내셨다. 동짓날의 행사도 인상적이었다. 모두 남치마에 팥죽색의 자주 저고리를 입고 입궐하여 팥죽을 먹었다. 초하루면 창덕궁에서 꿩 두 마리를 하사하셨고 여름에는 백사과를 각 궁에 보내셨다.

정월이나 대비 마마 생신 같은 때 여자 종친들은 각각 차례대로 문안을 드리고 뒤채인 수강재로 가서 점심을 먹었다. 안방에서는 할머니, 어머니를 위시하여 어른들이 한 상씩 받으셨고 우리 어린아이들은 건넌방에 가서 작은 상 한 상씩을 받았다. 다 먹고 남는 음식을 싸오기도 했다. 남자들은 현관 가까이에 있는 접견실에서 문안을 드렸는데 식사는 어떻게 했는지 알 수 없다.

식사 후 나 같은 어린아이들은 애기 나인들과 함께 마당에 나가서 놀고 다락방에 올라가 행사 때 찍었던 영상을 활동 사진으로 보기도 했다. 그러다 간식으로 홍차와 토스트도 먹었다.

사극에는 궁중 생활이 화려하게 나오지만 실제 궁중 생활은 매우 검소했다. 내가 어릴 때 특별한 일이 있어 창덕궁에 갈 때는 당의唐衣를 입고 화관花冠을 썼다. 궁중에는 홀로된 여자 친척이 많았다. 그런데 과부가 되면 색色이 있는 옷을 못 입는 것이 법도였다. 지밀 어머니께서는 매월 초하루와 보름날에 창덕궁에 입궁入宮해서 대비마마께 문안을 드렸다. 그때 어머니는 남치마에 저고리 끝동에는 금박金箔을 한 옥색 회장 저고리를 입으셨다. 제삿날 같은 국기國忌일에는 그 누구도 금박 두른 옷을 입으면 안 되었다.

김 상궁을 만난 날, 그녀를 따라 수강재로 들어가서 옹주 아씨와 첫 대면을 했다. 어머니 의친왕비께서는 덕혜옹주를 옹주 아씨라고 부르셨다. 어머니는 옹주 아씨 얘기를 하실 때마다 눈물을 글썽이시며 이렇게 말씀하셨다.

"내가 가끔 도쿄에 다니러 가는 것은 건鍵(나의 큰오빠)이를 보기 위해서이기도 하지만 더 큰 목적은 옹주 아씨를 뵙는 것이다. 내가 가서 웃겨드려야 그분이 미소를 지으시거든."

│ 자신의 자동차에 타고 있는 큰오빠 건 공

　나는 어려서부터 어머니께 덕혜옹주의 비참한 생애에 대해 많은
이야기를 들었다. 옹주 아씨는 복녕당 귀인 양씨梁氏에게서 얻은 고
종 황제의 외동딸이셨다. 그래서 '복녕당 아기씨'라고 불리기도 했
다. 덕혜옹주는 고종 황제가 환갑을 맞은 해에 얻은 늦둥이 딸이었
다. 그러니 얼마나 예뻐하셨는지 짐작할 수 있다. 고종 황제는 옹주
아씨를 위해 덕수궁 안에 유치원도 만드셨다. 그리고 틈만 나면 유
치원에 찾아가서 옹주 아씨와 다른 아이들의 재롱을 보시며 낙으로
삼으셨다고 한다.

　그런데 옹주 아씨는 무척 불행한 삶을 사셨다. 11세의 어린 나이
로 생모 양 귀인의 품을 떠나 일본으로 끌려갔다. 유학이라는 명분
은 있었지만 거의 볼모나 다름없는 삶이었다. 덕혜옹주께서는 도쿄
의 '가쿠슈인學習院'이라는 학교에 다니게 되었다. 가쿠슈인은 일본
의 황족과 귀족들을 위한 학교였다.

　가쿠슈인 시절 옹주 아씨가 급우들로부터 따돌림을 당했다는 이

야기가 있다. 하지만 옹주 아씨는 쉽지 않았을 유학 시절에도 대한 제국의 황녀로서 기품을 잃지 않으셨다. 어느 날인가 일본의 황족인 내친왕內親王에게 인사를 하라는 명령을 받았다고 한다. 그런데 덕혜옹주께서는 인사하기를 단호히 거부하셨다고 한다.

"나도 대한제국의 황녀인데 왜 내가 절을 해야 해?"

이 말을 듣고 일본인들은 옹주의 기를 꺾기 위해 음모를 꾸몄다. 멀쩡한 옹주 아씨를 병이 들었으니 휴양을 보내야겠다며 파도 소리만 들리는 외딴 섬으로 보낸 것이다. 멀쩡했던 옹주 아씨는 그곳에서 진짜 정신병을 얻고 말았다. 그 후 대마도주 소 다케유키와 강제로 결혼하게 되었지만 정신병 때문에 이혼 당했다는 이야기는 이미 알려진 바 있다.

말로만 전해 듣고 사진으로만 뵈었던 옹주 아씨를 1975년 드디어 직접 만나 뵙게 되었다. 내가 방으로 들어갔을 때 덕혜옹주께서는 누워계셨다. 김 상궁과 함께 들어간 나를 뚫어지게 바라보셨다.

"누구일까?"

"사동궁 조카님이 오셨습니다."

김 상궁이 나를 소개하여 말씀드리니 옹주 아씨께서는 벌떡 일어나 앉으시더니 나를 물끄러미 바라보셨다. 당시 나의 심정은 말로도 글로도 제대로 표현하기 어렵다. 당장 달려들어 끌어안고 울고 싶은 마음이 간절했다. 그러나 북받치는 슬픔을 꾹 참고 준비해 간 선물을 꺼내놓았다. 선물은 금빛 나는 개구리 모양의 향수병이었다. 옹주 아씨께서는 선물을 받자마자 금방 요 밑에 감춰버리셨다.

"아마 누가 빼앗아 갈까 봐 저러시는 것 같아요."

김 상궁의 설명을 듣고 가슴이 더욱 아려 왔다. 나는 잠시 옹주 아씨와 함께 앉아 있다가 하직 인사를 드리고 나왔다. 옹주 아씨의 그런 모습에 너무나도 슬퍼져서 돌아오는 차 안에서 하염없이 울었다.

한편, 차가 떠날 때 차창 밖을 보니 노인인 김 상궁이 깊숙이 허리 굽혀 인사를 하고 있었다. 뒤돌아보니 내가 탄 자동차가 시야에서 사라질 때까지 계속 절을 하고 있었다. 그 모습은 20년 가까이 미국에서 살다 온 나에게는 놀라움으로 다가왔다.

"아직도 저런 사람이 있나?"

그 모습을 보니 그동안 잊고 있었던 궁중 생활에 대한 기억이 되살아나 영화처럼 머릿속에 펼쳐졌다.

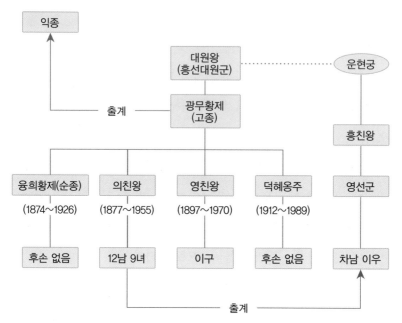

익종

대원왕
(흥선대원군) ·············· 운현궁

출계

광무황제
(고종)

흥친왕

융희황제(순종)	의친왕	영친왕	덕혜옹주	영선군
(1874~1926)	(1877~1955)	(1897~1970)	(1912~1989)	
후손 없음	12남 9녀	이구	후손 없음	차남 이우

출계

❙ 의친왕 가계도

사동궁,
어린 시절 나의 집

　내가 어릴 때 살던 곳은 사동궁이다. 사동궁은 서울 종로구 관훈동 196번지 일대에 있던 궁으로 양옥 한 동과 한옥 수십 동으로 구성된 대저택이었다. 대한제국 시절 아버지와 지밀 어머니는 결혼한 후 이곳에서 살림을 차렸고 1906년 아버지가 미국 유학에서 돌아오신 후 사동궁은 의친왕부義親王府가 되었다. 지금 사동궁의 모습은 사라지고 없고 그 터에는 회화나무 한 그루만 서 있을 뿐이다.

　사동궁은 원래 의친왕궁이었다. 그런데 한일합방이 되어 아버지가 '이강 공'으로 강등되면서 '이강 공저李堈公邸'로 불렸다. 1930년 6월 아버지는 일제에 의해 강제로 은퇴당하시고 '공公'의 작위마저 빼앗기셨다. 이때 일제는 아버지의 '공' 작위를 큰오빠(이건)에게 주었다. 그래서 사동궁은 '이건 공저李鍵公邸'가 되었다. 그 후 언제 일본에서 돌아오셨는지는 분명치 않지만 아버지는 귀국 후에도 사동궁에 머물러 사시지는 않았다. 이 무렵 아버지가 일본의 강요로 작위를 빼앗기고 그와 함께 사동궁을 비롯한 모든 재산의 명의를 장남인 건이 오빠에게 넘겨야 했던 것 때문일지도 모르겠다.

| 군복 정장 차림의 의친왕

아무튼 내가 어렸을 때 사동궁에 함께 살았던 황실 가족은 지밀 어머니와 길영 언니, 나까지 세 사람뿐이었다. 우리 가족 외에 궁녀들도 함께 살았다. 안 상궁, 지밀나인인 이씨와 박씨, 주방 나인인 윤씨, 그리고 애기항아님이라고도 불리던 애기 나인 몇 사람이 더 살고 있었다. 세 명의 나인은 나중에 상궁이 되었지만 상궁이 되기 전에는 성姓에다 씨氏를 붙여 부르는 것이 당시 궁중의 관습이었다.

사람들은 지밀 어머니를 '사동궁 마마'라고 불렀는데 이는 왕비에 대한 호칭이었다. 그 당시 '마마'라고 불린 사람은 대비 마마, 사동궁 마마, 운현궁 앞지밀 마마 세 분뿐이었다. 원래 '마마'는 왕족에 대한 극존칭으로, 여자 왕족의 경우 정비正妃에게만 붙일 수 있

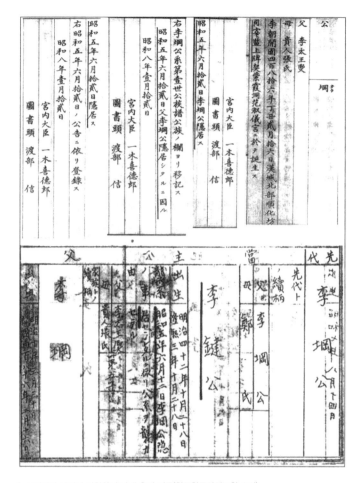

| 국내에서 발견된 의친왕의 강제 은퇴 기록(한국학중앙연구원 소장)

는 호칭이었다. '마마님'은 '마마'보다 낮은 존칭으로, 후궁이나 상궁들을 부를 때 사용되었다. 그래서 후궁은 모두 '마마님'으로 불렸다. 이 존칭들을 처음 듣는 사람은 대부분 혼동을 일으킨다. 더 높은 사람에게 '님'자를 붙여야 하는 것 아니냐는 생각에서다. 그래서 반대

로 붙여 부르는 사람도 많았다.

예전의 사동궁에는 내가 살던 때보다 더 많은 시녀侍女들이 있었다고 한다. 지밀 시녀들 말고도 세답방洗踏房에 두 명, 침방針房에 한 명, 주방廚房에서 반찬을 만드는 찬饌집과 밥 짓는 이도 따로 있었단다. 세답방은 빨래를, 침방은 바느질을 맡아 하는 곳이었다. 그런데 일본 사람들이 들어와서 몇 명만 남기고 다 내보냈다고 한다.

어려서 궁에 들어와 그곳에서 자란 시녀들 중 시집가서 가정을 꾸미며 산 사람도 있지만 몇 사람은 절에 들어가 여승이 되었다고 한다. 그중 충청도 덕산德山 수덕사修德寺에 있던 수복자 스님은 궁에도 자주 다녀가셨다.

정문에서 걸어 들어가면 왼편으로 보이는 건물이 사동궁 건물이고 (나중에 종로 예식장이 됨) 그곳에서 강 무관康武官이라는 분이 우리 집안의 살림을 도맡아 한 듯했다. 그 사무실에는 당구실撞球室이 있었다. 도쿄 유학 갔던 일곱 번째 오빠인 정동의 해청海晴 오빠가 방학 때 돌아오면 당구실에 내려가 연습을 하곤 했다. 나도 항상 오빠를 따라가서 당구 치는 것을 구경했다.

또 반찬거리 같은 것을 사오던 안춘만이라는 사람도 있었다. 그는 궁 안의 모든 잔살림을 맡아보던 사람이었다. 그는 궁의 행랑채에 살았는데 내가 학교 갈 때나 집으로 돌아올 때 급한 일이 있으면 그의 집으로 뛰어가 많은 도움을 받았다.

어머니께서는 궁 안에만 계셨기 때문에 바깥 세상의 물정을 모르셨다. 어느 추운 겨울에 나에게 공단 솜치마를 주시며 교복 안에 입고 등교하라고 하셨다. 그 솜치마는 교복 치마 밖으로 다 나올 정도로 두껍고 길었다. 내가 창피하다고 하니 어머니는 역정을 내셨다.

"날씨가 추운데 따뜻하면 됐지 무슨 잔소리냐?"

나는 어쩔 수 없이 그 솜치마를 입고 나와 행랑채의 안춘만 집에 벗어 놓고 학교에 갔다. 물론 돌아올 때는 다시 그 옷을 입고 집으로 들어왔다. 그 후로도 그와 비슷한 일이 여러 번 있었다.

정문에는 언제나 보호 순경이 지키고 있었다. 학교 다닐 때 나는 더러운 학교 변소가 싫어서 하루 종일 참았다가 공부가 끝나면 집으로 달려오곤 했다. 그때 대문에 서 있던 순경이 나에게 경례를 하면 나는 뛰어가면서도 꾸벅하고 답례를 했다. 집에는 도착했지만 용변이 급했던 나는 대문에서 내 방까지 거리가 무척 멀게 느껴졌다. 그래서 '나도 다른 사람들처럼 조그만 집에서 살면 얼마나 좋을까'라는 철부지 같은 생각을 하기도 했다.

⏐ 사동궁 전경

지금 나는 미국에서 아주 좁은 아파트에 살고 있다. 어린 시절에 했던 철부지 같은 소원이 이루어진 셈이다. 하지만 한편으로는 '이제 조금 큰 집에서 살고 싶다'라는 생각도 든다. 그럴 때면 사람의 마음은 간사하다는 생각과 함께 지밀 어머니의 말씀이 떠오른다.

"이래도 불평, 저래도 불평, 불평을 시작하면 한이 없구나. 현재에 만족하고 모든 것을 감사히 생각하자. 이 세상에는 굶주리고 잠잘 곳조차 없는 사람이 얼마나 많은데."

이렇듯 자족하는 마음은 지난날 지밀 어머니께서 나에게 가르쳐 주신 교훈이다. 모든 것을 어머니의 가르침처럼 생각할 수 있다면 웬만한 욕망과 어려움은 능히 극복할 수 있을 것이다.

이렇게 나는 여느 사람들과는 다른 어린 시절을 보냈다. 덕분에 복잡한 환경 속에서 그에 적응하는 것을 일찍 배울 수 있었다.

"나는 하루에 100년을 뛰었습니다."

누가 나에게 어린 시절 얘기를 해보라고 하면 나는 이렇게 말한다. 내가 살던 궁과 다니던 학교 사이에는 시대적인 격차가 있었기 때문이다. 궁 안의 삶은 여전히 옛 풍습을 지키는 봉건封建 시대였고, 학교에는 날로 변화하는 개화開化 시대가 펼쳐지고 있었다. 나는 양쪽의 풍조에 다 발을 맞춰야 했다. 아침이면 봉건 시대에서 개화 시대로 건너갔다가 학교가 끝나면 다시 개화 시대에서 봉건 시대로 되돌아가는 것이 날마다 반복되는 나의 일상이었다. 그러나 그런 삶이 아픈 추억으로만 남은 것은 아니다.

굴레에 매어 살던
나날들

궁에서 살던 어린 시절, 나는 호강을 많이 했다. 곁에는 늘 시중드는 사람이 있었고 가까운 거리에 있던 학교도 자동차를 타고 다녔다. 어렸을 때는 학교에 가서도 특별 대우를 받았다. 점심도 궁에서 지어 온 따뜻한 밥을 숙직실에서 따로 먹곤 했다. 유모가 따뜻한 밥과 국을 판에 담아 학교로 날랐다.

하지만 나는 그런 생활이 정말 싫었다. 친구를 사귈 수 없었기 때문이다. 나중에는 어머니께서도 나를 그렇게 키워서는 안 되겠다고 생각하셨던 모양이다. 그래서 학교에 사람을 보내 "해경이를 다른 아이들과 똑같이 대우하라"고 말씀하셨다고 한다.

그 이후 나는 '손님'의 손을 잡고 학교에 걸어 다녔다. 다른 친구들처럼 도시락도 싸가지고 다녔다. 하지만 식어버린 그 도시락을 먹기 싫었다. 찬밥이 목에 넘어가지 않아서 언제나 먹지 않고 그대로 가지고 돌아와 어머니께 꾸중을 들었다. 점심을 굶고 와도 어머니께 혼날까 봐 배고프다는 소리를 못했다. 그래서 어떨 때는 유모가 몰래 궁 안으로 자장면을 시켜 줘서 먹기도 했다.

그때는 어린 마음에 어머니 의친왕비의 깊은 뜻을 헤아리지 못했다. 그래서 늘 서운한 마음이 가득하였다. 하지만 지금 돌이켜 보면 내 일생에서 그때만큼 편안하고 좋았던 시절은 또 없다. 무엇보다 어머니 의친왕비의 그 모든 처사에 깊은 뜻이 있었음을 뒤늦게야 헤아리게 되었다. 어머니는 무너진 왕가의 법도를 지키려 안간힘을 쓰셨던 것이다.

어머니 의친왕비는 왕비이시면서도 서민과 다름없이 매우 검소한 분이셨다. 뒷마당의 정원을 밭으로 가꿔 딸기, 호박, 오이, 배추, 무, 감자, 고구마에 목화木花까지 심으셨다. 그 목화에서 뽑은 솜을 넣어서 아버지 의대衣帶를 지어드린 적도 있다. 나중에는 앞마당 우물가에 한 칸짜리 논도 만드셨다. 그곳에 벼를 심고 수확한 쌀로 아버지 수라를 지으시는 등 온갖 정성을 다하셨다. 그래서 매일 새벽 네 시 경에는 온 집안사람이 일어나 우물물을 길어 궁 안에 있는 논에 물을 대거나 밭에 물을 주곤 했다. 어떤 때는 내 방에도 오셔서 "일어나라"라고 호령하셨다. 나는 일어나기 싫어서 문을 걸어 잠그고 자는 시늉을 하곤 했다.

봄이 되면 어머니와 함께 성북동 별장 뒷산에 올라가 봄나물을 캤다. 그때 나뿐만 아니라 궁인 모두가 함께 갔다. 어머니는 앞치마를 주머니처럼 만든 다음 우리에게 나누어 주고는 거기에 캔 나물들을 담으라고 하셨다. 봄이면 냉이, 씀바귀 등을 캤고 가을에는 버섯을 따기도 했다. 산에 가면 송충이가 나무에서 떨어지는 것이 싫어서 나는 무슨 핑계라도 대서 안 가려고 했다. 그래도 할 수 없이 가게 되면 목까지 올라오는 긴 옷을 입고 갔다.

그때 어머니께서 왜 그렇게 곡식을 기르고 나물 캐는 일 등에 열중하셨는지 그 이유를 이제는 이해할 것 같다. 어머니는 그런 일에 열중함으로써 아버지 없이 홀로 사는 데서 생기는 모든 번뇌와 고통

┃ 이해경의 생가인 성북동 별장이 있던 곳. 지금은 예지원이 들어서 있다.

을 잊으려 하셨던 것이다.

어머니께서는 자신에게 무척 엄격하셨다. 하지만 다른 사람에게는 누구보다도 인자하고 동정심이 많은 분이었다. 불쌍한 사람을 보면 절대 그냥 지나치지 않으셨다. 당신이 입고 계시던 옷이라도 벗어 주셨고 언제나 "배고프겠다. 어서 많이 먹어라" 하시며 후하게 먹여 보내곤 하셨다. 언젠가는 새로 지어 놓은 의대를 입어 보지도 않고 불쌍한 사람에게 내주라 하셨다고 한다. 이 상궁이 감춰 두고 안 내줬다는 것을 아신 어머니께서는 내놓으라고 야단을 치셨다는 것이다. 그럴 때면 이 상궁은 사정을 하며 항의를 했다고 한다.

"마마 입으실 의대도 남기지 않으시면 어떡합니까?"

우리에게도 그런 정신을 늘 강조하셨다. 내가 어린 시절 밥을 먹다 남기면 어머니께서는 불호령을 내리셨다.

"그 쌀 한 톨을 만들기까지 얼마나 많은 사람이 땀을 흘린 줄 아느냐?"

이렇게 말씀하시며 절대 밥을 남기지 못하게 하셨다. 밥 먹을 때 절대로 반찬 탓을 해서도 안 되었다. 언젠가 조개젓이 상에 올랐는데 "조개젓이 이상하게 생겨서 먹지 못하니까"라고 내가 말했더니 어머니께서는 조개젓을 먹을 때까지 다른 반찬을 못 먹게 하셨다.

아버지께서 궁에 오셔서 수라를 드시면 어머니와 나는 반드시 그 상 옆에 앉아 있었다. 아버지께서 수라를 잡수시고 나면 그 상을 건넌방으로 옮겨 어머니와 내가 먹었다. 그것을 '퇴상 물린다'라고 했는데 그렇게 하는 것이 당시의 법도였다.

"너희 아버지께서 남기신 귀한 음식이니 네가 먹어야 한다."

어머니께서는 이렇게 말씀하시며 아버지께서 물에 말아 드시다가 남긴 '팥수라(팥밥)'를 반드시 내가 먹도록 하셨다. 아버지께서는 아침진지로 좁쌀죽과 암치(민어 말린 것)를 조금 드셨다. 아버지께서 남기신 좁쌀죽에 김치를 썰어 넣고 참기름을 섞어 비벼 먹었던 기억이 있다.

내가 궁에서 살 때는 일본 이왕직李王職의 관리 아래 최소한의 생활비를 받아 쓸 때였다. 그래서인지 궁의 생활은 풍족하지 못했고 언제나 내핍해야 했다. 그 때문도 있었겠지만 어머니께서는 원래도 검소하신 분이었다. 항상 근검절약을 몸소 실천하셨다.

"누구나 사치를 하면 망하는 법이다. 그리고 사람은 항상 겸손해야 한다. 네가 누구의 딸이라고 조금도 잘난 게 없으니 절대 교만하면 안 된다. 바깥에 나가서는 절대로 왕녀 티를 내지 마라."

나에게도 늘 이렇게 말씀하셨다. 혹시라도 내가 일하는 아이에게 잘못 대하는 것을 아시면 반드시 바로잡도록 타이르셨다.

"그 애들은 운이 나빠서 남의 집에 와서 일하고 있지만 너와 다를 것이 하나도 없어. 잘못했다고 그 아이에게 솔직히 사과해라."

대부분의 사람이 일생 중 가장 기억에 남는 때가 언제냐고 물으면 학창 시절을 꼽을 것이다. 또 돌이킬 수 있다면 그때로 돌아가고 싶어 할 것이다. 이는 학창 시절의 추억이 우리의 뇌리에 가장 강하게 새겨져 있고 그 당시의 순수한 꿈이 그립기 때문이다. 나에게도 꿈 많았던 학창 시절이 있었다. 그러나 나의 학창 시절은 부자

| 1936년 경성유치원 졸업 사진. 앞줄 왼쪽에서부터 여섯 번째가 이해경. 그 옆 금박치마 입은 아이 백경 진은 유치원부터 경기여고, 이대 음대까지 같이 다니고 지금은 미국 매릴랜드에 살고 있어 매일 통화를 하는 80년 친구이다.

유스러운 나날이었다. 황족이라는 신분의 굴레에 여전히 매어 있었기 때문이다.

나는 소학교(지금의 초등학교)에 입학하기 전에 경성유치원에 다녔다. 내가 다녔던 경성유치원은 일본인 교구치京口 원장이 낙원동에 문을 연 유치원이었다. 일곱 살 때는 경성여자사범학교 부속 소학교에 입학하였다.

그때도 지금과 마찬가지로 학교에 입학하려면 호적이 있어야 했다. 그런데 큰오빠 건 공만이 호적에 입적되어 있었고, 다른 형제는 아버지의 호적에 올라가지 못했다. 일제가 그렇게 하도록 강제한 것이다. 당시는 총독부의 승인을 받지 못하면 황제의 자녀도 황실의 호적에 올리지 못했다. 부양해야 할 황실 가족이 많아지는 것을 총독부가 원치 않았기 때문이다.

때문에 우리 형제는 호적이 없어서 사생아가 될 뻔했다. 그런데 지밀 어머니의 배려로 우리는 각 종친의 집안에 양자로 가게 되었다. 사동궁 딸 다섯 명은 흥선대원군이라고 불린 대원왕의 맏형님인 흥령군興寧君의 손자인 계동궁桂洞宮 이기용李埼鎔 씨의 호적에 입적되었다. 이기용 씨는 우리에게 7촌 아저씨인 당숙이셨다. 그 댁에는 형길亨吉이라고도 불린 나의 일곱째 오빠 해청海晴이 양자로 가 있었다. 결국 사동궁 남매 여섯 명이 당숙 집 호적에 들어가게 된 셈이다.

난 이기용 아저씨의 다섯째 딸 해경海瓊이 되어 그 이름을 아직도 쓰고 있다. 이기용 아저씨가 정동貞洞에 사셨기 때문에 정동 아버지라고 하고 그 부인은 정동 어머니라 하였다. 결국 내게는 어머니가 세 분이었던 셈이다. 생모와 지밀 어머니, 그리고 정동 어머니가 그분들이었다. 거기에 '손님'이라 불린 유모까지 합하면 네 분이 되었다.

한일합방이 되면서 일본은 대한제국의 황실을 '이왕가李王家'로 격하시켰다. 그리고 이왕직李王職이라는 관청을 만들어서 황실과 관련한 모든 사무를 담당하게 하였다. 당시 이왕직에서는 우리 형제들을 기록해 놓고 비공식적으로 생활비를 100원씩 주었다. 그것도 형제 모두에게 준 것도 아니다. 형제 중 나까지 열세 명에게만 지급한 것이다. 그 이후로는 아버지가 '공'의 작위를 빼앗기셨기 때문에 그나마 동생들은 거기에 등록도 되지 못하였다.

아버지는 어린 시절 평길平吉이라는 아명兒名을 얻으셨다. 그중 '길할 길吉' 자를 떼어 우리 이름을 지어 주셨다. 아들들에게는 '길' 자를 뒤에 써서 용길勇吉, 성길成吉 하는 식으로, 딸들은 길 자를 앞에다 쓰시어 길순吉順, 길운吉雲 등으로 이름 지으신 것이다. 그래서 아버지께서 지어 주신 내

의친왕(중앙)과 큰오빠 건(뒷줄 왼쪽), 둘째오빠 우(뒷줄 오른쪽)

이름은 길상吉祥이었다.

아버지께서는 우리 이름에 '바다 해海'라는 돌림자가 들어간 것을 달갑잖게 생각하셨다. 그래서 궁에서는 꼭 아버지께서 지으신 이름으로 우리 형제를 부르셨다.

6·25전쟁 후 생모와 살다가 오랜만에 궁으로 부모님께 문안드리러 간 적이 있다. 그때 아버지 의친왕께서는 병환이 깊어 이미 의식이 희미해진 상태였다. 아버지께서는 나를 보고 물으셨다.

"누구요?"

"누구긴 누구예요, 다섯째 따님 해경이죠."

어머니의 말씀에 아버지는 버럭 화를 내셨다.

"해경이가 누구란 말이요?"

"아니, 전하의 다섯째 따님 길상이가 왔어요."

어머니께서 금방 눈치를 채시고 내 이름을 바꿔 말씀하셨다. 그제야 아버지께서는 "아, 길상이오. 응, 그래"라고 하시며 내 절을 받으셨다. 당신께서 지어 주신 아명 '길상'은 희미한 정신 속에도 기억되고 있었던 것이다.

황실 후손이 호적에 제대로 입적되지 못한 비극은 황제의

| 중년의 의친왕

딸인 덕혜옹주에게도 일어났다. 당시엔 총독부의 승인을 받지 못하면 황적에 오를 수 없었다. 고종 황제께서 딸을 얻으셨는데도 총독부는 일부러 아는 척을 하지 않았다. 그런데 고종 황제의 지혜로 그들을 굴복시켜 인정하게 만드셨다는 이야기는 잘 알려져 있다.

덕혜옹주가 유치원에 다닐 무렵의 일이다. 고종 황제께서는 의례적인 인사차 입궁한 데라우치 마사타케寺內正毅 총독을 데리고 유치원으로 갔다. 거기서 덕혜옹주를 불러 인사시키며 말씀하셨다.

"이 아이가 바로 내가 만년에 은거하면서 유일한 낙으로 삼고 있는 나의 딸 덕혜옹주요."

고종 황제로부터 직접 '나의 딸'이라는 말을 들은 데라우치는 어쩔 수 없이 덕혜옹주를 황적에 올리도록 이왕직 장관에게 지시했다고 한다.

그러나 돌이켜 보면 그때 황적에 올라간 것이 덕혜옹주의 비극적인 삶의 시작이었다는 생각도 든다. 만일 고종 황제의 따님으로 등록되지 않았다면 일본에 강제로 끌려가지 않았을 것이고 비참한 삶을 살지 않았을지도 모르기 때문이다.

내가 미국 유학을 위해 한국을 떠나기 전, 어떤 사람이 뒤늦게 호적을 바로잡아 주겠다고 찾아왔다. 그러나 나는 그의 제의를 매몰차게 거절했다.

"나는 지금 다른 호적이 필요하지 않습니다. 새삼스럽게 내 이름을 바꿔 새 호적에 넣고 싶은 생각도 없으며, 그 집 식구라는 사실 자체도 잊은 채 살아갈 것이라고 전해 주세요."

그 후 들은 소식에 의하면 이강李堈이라는 명의로 아버지 호적이 생겼고 나의 호적상 어머니는 소생所生이 없으셨던 지밀 어머니의 뜻대로 김덕수金德修(의친왕비)로 되어 있었다. 나의 이름은 '공珙'으로 등재되었고 그 이름이 나의 관명으로 '선원계보기략璿源系譜紀略(조선 왕실의 족보)'에 기록되어 있다. 그러나 나는 그 이름을 한 번도 쓰지 않았다.

왕실 법도에 갇히고
전쟁으로 얼룩진 학창 시절

1936년 소학교에 입학한 나는 왕족으로서 특별 대우를 받으며 학교에 다녔다. 그러나 나는 자유롭게 마음껏 뛰어노는 친구들이 늘 부러웠다. 수업이 끝나면 친구들과 놀 틈도 없이 자동차를 타고 곧바로 궁으로 돌아와야 했기 때문이다. 학년이 올라간 후에는 자동차를 타지 않고 걸어서 학교에 다녔다. 하지만 난 여전히 친구들과 마음껏 놀지 못했다.

하루는 학교가 파한 후 유모가 데리러 오기 전에 몰래 친구 백경진의 집에 놀러간 적이 있다. 시간 가는 줄도 모르고 놀다 보니 날이 캄캄해졌다. 그래서 그 집에서는 침모를 시켜 나를 궁으로 데려가게 했다. 궁에서는 발칵 뒤집혀 야단이었다. 내가 궁에 들어서니 근엄하게 앉아 계시던 어머니께서 나를 부르셨다.

"어디 갔다 왔니?"

나는 순간적으로 거짓말을 했다.

"상이군인 위문을 다녀왔어요."

당시는 중일전쟁 때문에 상이군인이 많았다. 어머니께서는 내가 언제까지 거짓말을 하나 보시려고 그랬는지 다시 물으셨다.

"그래? 위문 가서 뭐 했어?"

"노래했어요."

"그래? 거기서 부른 노래를 내 앞에서도 한번 해보렴."

한번 시작한 거짓말은 멈출 수가 없었다. 나는 어쩔 수 없이 노래를 했다.

"그리고 또 뭐 했어?"

"춤도 췄어요."

"그래? 그럼 그 춤도 한번 춰 보렴."

꼬리에 꼬리를 문 거짓말이 계속되었다. 이렇게 몇 번 거짓말을 했더니 어머니의 눈꼬리가 위로 확 올라가며 호통이 날아왔다.

"이년! 언제까지 거짓말을 할 테냐!"

그러면서 어머니께서는 나를 꼬집으셨다. 얼마나 세게 꼬집으시던지 많이 아팠지만 잘못했다는 말을 하지 않았다. 다른 아이들은 다 하는데 왜 나만 못하느냐는 반항심 때문이었다.

친구도 아무나 사귈 수 없었다. 내가 사귈 수 있는 친구는 학급 친구 중 어머니 의친왕비께서 골라 준, 집안 좋고 공부 잘하는 학생들로만 한정되어 있었다. 그러다 보니 나는 늘 외톨이였다. 이것도 하지 말고 저것도 해서는 안 된다는 엄격한 궁중 법도가 나를 숨 막

| 1956년 원구단 앞에 선 당의 차림의 이해경

히게 했다. 그런 가운데서도 의친왕비께서는 나에게 자유로움을 주시기도 했다. 물론 궁중 법도의 테두리 안에서만 가능한 일이었다.

어머니께서도 나의 생활을 이해하려고 애쓰셨던 것 같다. 어머니께서는 내가 학교 다닐 때 이해하기 어려운 일이 생기면 동생 되시는 춘기春基 아저씨를 불러다 물어보시곤 했다. 어머니께서는 궁 밖에서 생활하신 적이 없기 때문에 세상 물정을 잘 모르셨다. 그래서 내가 방에 앉아 공부하고 있으면 "공부하는데 왜 소리가 나지 않느냐"라고 묻기도 하셨다.

"여자의 목소리가 담을 넘으면 집안이 망한다."

어머니께서는 이렇게 단속하시며 절대 큰 소리를 못 내게 하셨다. 하지만 내가 노래를 부르는 것은 좋아하시며 자꾸 부르라 하셨다. 내가 나중에 성악을 전공할 수 있었던 것도 어머니의 그런 독려가 있었기에 가능했던 것 같다. 해방 후 별궁으로 이사한 후에는 당시 유행했던 〈마의태자麻衣太子〉나 〈낙화암落花岩〉이라는 노래를 불러 보라고 자주 청하셨다. 어머니께서 그 노래들을 좋아하셨던 것 같다. 하지만 내게 허용된 예술 활동은 거기까지였다.

소학교 4학년 때인 1940년, 나는 영화의 아역 배우로 뽑힌 적이 있었다. 최인규 씨가 제작하는 〈수업료〉라는 영화였다. 영화사에서 사동궁으로 찾아왔다. 내 어머니인 의친왕비께 나의 영화 출연 허락을 얻기 위해서였다. 그러나 의친왕비께서는 영화사 사람들을 야단치시며 단호히 거절하셨다.

"아무리 나라가 망했기로서니 왕족이 영화배우가 되다니 있을 수 없는 일이다."

하지만 어린 나는 영화 출연을 하고 싶었다. 그래서 어머니 앞에서 한숨만 쉬는 시위를 했다. 그것이 나의 유일한 반항이었다. 영화 출연을 허락해달라고 몇 날 며칠을 떼를 썼지만 끝내 허락을 받을 수 없었다. 그때 영화 출연 대신 피아노를 배울 수 있도록 허락을 받았다. 그것이 나중에 내가 음악대학에 들어가게 된 계기가 되었다.

친구를 자유롭게 사귈 수 있게 된 것은 고등학교에 들어간 후부터였다. 경기여고를 다니던 나는 친구들과 함께 근로 봉사도 나갈 수 있었다. 근로 봉사라고 말을 붙였지만 사실은 일본 제국주의자들의 강제 동원이었다.

내가 경기여고에 들어갔을 때는 1942년으로 제2차 세계대전이 시작되었을 때였다. 당시는 전쟁 때였으므로 공부하는 시간보다 근로 봉사하는 시간이 더 많았다. 공부는 처음 입학해서만 좀 했을 뿐, 학년이 올라갈수록 근로 봉사 시간이 늘어났다. 나중에는 공부는 아예 제쳐 두고 근로 봉사만 했을 정도였다.

등교하면 공부 대신 우선 운모雲母 까는 일을 했다. 몸에 해로운 운모 가루도 마셔야 했다. 운모는 비행기를 만드는 재료에 쓰인다고 했다. 또 군복 만드는 일도 했다. 군복에 단춧구멍을 내고 단추를 다는 일이었다. 당시 건빵을 주머니에 넣어 군인에게 비상식량으로 나눠 주었는데, 그 주머니 만드는 일도 했다. 전쟁 말기에는 일본이 패할 것 같고 물자가 부족하니까 근로 봉사할 일이 더 많아졌다. 군인에게 지급할 군복도 새것이 없어서 재활용을 했는데, 그 작업에 우리가 동원되었다. 전사한 군인의 속옷을 빨아 삶아서 우리에게 가져다 주면 구멍 나고 해진 부분을 꿰매는 일을 했다.

삶았기 때문에 옷에 있던 이蝨는 다 죽었지만 솔기에 이의 새끼인 서캐들이 살아남아 있었다. 우리는 서캐를 책상 위에 놓고 눌러 죽였는데, 그때 '또르륵' 하는 소리가 나곤 했다. 그 서캐가 머리에 옮아서 머릿니가 생기기도 했다. 당시 경기여고에 다니는 학생들은 제법 잘 사는 집 딸들이었다. 그래서 머릿니에 옮거나 할 정도의 환경에서 살지 않았다. 그런데 근로 봉사를 하고 난 후부터 조회 시간에 서 있으면 앞의 학생 목덜미에 이가 기어 다니는 것을 심심찮게 볼 수 있었다.

내가 여학교 4학년이 되었을 때 전쟁이 막바지에 다다랐다. 일본은 지금 신세계 백화점 자리인 옛 미스코시 백화점에 공장을 차렸다. 그곳에 여학생들을 데려다 군복을 만들게 했다. 이렇게 정말 다양한 근로 봉사를 했다. 식민지 국민으로서 다른 나라의 전쟁을 도와야 했기 때문이다.

전쟁 준비하는 근로 봉사에 늘 불려 다녀서 공부를 언제 했는지 모르겠다. 그래도 틈틈이 공부는 했던 모양이다. 당시 함께 공부했던 친구들을 만나면 우리는 우스갯소리로 이런 얘기를 나눈다.

"우리는 천재인가 보다. 그렇게 공부는 안 하고 험한 일만 하고 다녔는데도 그럭저럭 살아가는 것을 보면 말이야."

해방 후부터 다소 자유로운 학창 시절을 보내게 되었다. 1946년에는 제1회 전국체육대회 소양강 대회에 여자 스케이트 대표 선수로 참가하기도 했다. 당시 경기여고가 있던 서울 종로구 재동의 건물들 사이에는 더러 공터들이 있었다. 그중 조그만 땅에 물을 채우고 스케이트장을 만들었다. 경기여고 체육 시간이면 학생 모두 스케이트를 탔다. 그때는 아직 피겨 스케이트가 보급되지 않았을 시절이다. 그래서 무조건 스피드 스케이트를 탔다. 해마다 겨울 체육 시간이 되면 반드시 스케이트를 탔기 때문에 실력들이 제법 뛰어났던 것 같다.

다른 학교들도 마찬가지였다. 그래서 창경원 춘당지라는 연못에서는 학교별로 소규모 스케이트 대회가 열리기도 했다. 한겨울 꽁꽁 얼어붙은 한강에서는 전국대회가 열렸다. 나도 경기여고 대표 선수로 한강에서 경기한 적이 있다.

그러던 중 1946년 오슬로 동계올림픽이 열렸다. 해방된 대한민국 대표로는 처음으로 올림픽에 선수를 파견하게 되었다. 대표 선수

┃ 해방 후 경기여고 4학년 때 전국 여학교 스케이트 대회에서 우승한 기념 사진. 오른쪽에서 세 번째가 이해경.

를 선발하기 위해 춘천 소양강에서 대회가 열렸다. 각 학교에서 대표를 몇 명씩 뽑아서 보냈는데, 나도 경기여고 대표로 출전하게 된 것이다. 경기여고뿐 아니라 숙명여고, 동덕여고, 무학여고, 이화여고 등 여학교에서 여섯 명이 출전했다.

그때는 남북 분단은 되었지만 북한과 일부 교류가 여전히 있을 때였다. 그 대회에 북한 대표로 장인숙이라는 여학생이 출전했다. 그런데 어찌나 잘 타는지 남한 대표들보다는 세 배는 빠른 것 같았다. 우리는 명함도 못 내밀고 다 떨어졌다. 그래서 장인숙 혼자 오슬로 올림픽에 출전했다.

이렇게 여러 가지 활동을 하긴 했지만 궁중 법도의 테두리에서 어긋나는 행동은 여전히 할 수 없었다. 왕족으로서의 제약은 그대로 남아 있었던 것이다. 그런데 긴 세월이 흘러버린 지금은 아련하게나마 그 시절이 그리워진다. 세월의 흐름 속에서도 침전물처럼 남은 추억의 힘 덕분이 아닌가 싶다.

얼굴도 모르는 남자와의
약혼 소동

나는 궁에서 자라면서 행복하지 못한 결혼을 한 사람을 많이 보았다. 특히 우리 부모님의 외로운 삶을 보고 자란 나는 결혼 생활에 대해 부정적인 생각을 갖게 되었다.

'나는 일평생 결혼을 안 하고 사는 한이 있어도 내가 사랑하고 원하는 사람이 아니라면 절대 결혼을 하지 않을 것이다. '결혼을 위한 결혼'을 하거나 지밀 어머니처럼 법도와 결혼하는 일은 절대 없을 것이다.'

또 사랑하는 사람과 결혼해야만 좋은 아내가 될 수 있을 것이라고도 생각했다. 더구나 부모님이 정해 주신 신랑이라고 얼굴도 보지 못한 사람에게 시집가야 했던 당시의 관습은 도저히 받아들일수 없었다.

해방이 된 이듬해, 내가 열여섯 살 되던 해의 일이다. 하루는 어머니께서 나를 불러 말씀하셨다.

"얘야, 너의 아버지께서 너를 시집보내겠다고 약혼을 해두셨단다."

"네? 어머니도 모르고 계셨던 일인가요? 그럼 어머니하고도 의논을 안 하고 제 약혼을 결정하셨다는 말씀인가요?"

"그러게 말이다. 뭐가 그리 급하셨는지……."

당시 내 속에서는 아버지에 대한 존경심보다는 반항심이 더 크게 무럭무럭 자라고 있었다. 나는 아버지께 무척 화가 났다.

'아버지께서 내게 뭘 해주셨다고 이렇게 마음대로 내 약혼을 결정하셨을까? 더구나 이제까지 나를 애지중지 길러 주신 어머니께도, 신식 교육을 받은 내게도 한 마디 말씀도 없이 그런 중요한 결정을 하시다니…….'

당시 나는 스스로 신식 교육을 받은 엘리트라고 자부하고 있었다. 그래서 그와 같은 봉건적 결정은 결코 받아들일 수 없었다.

그러던 어느 날 더욱 어처구니없는 일이 일어났다. 내가 다니던 경기여고로 약혼자의 가족이 찾아온 것이다. 누가 나를 찾는다기에 교실 밖에 나가 보니 얼굴 한 번 본 적 없는, 어린애를 등에 업은 젊은 부인이 나를 기다리고 있었다. 어리둥절해 있는 내게 그 부인이 말했다.

"저는 아가씨 약혼자의 누나예요."

"약혼자요? 저는 아무것도 들은 바가 없는데요?"

"아, 말씀 못 들으셨어요? 사주단자까지 보냈는데요."

물론 나도 알고 있었지만 너무 어처구니가 없어 모른다고 시치미를 뗀 것이다.

"아가씨는 몰랐더라도 이미 약혼이 되어 있답니다. 그래서 내 동생이 신붓감이 어떻게 생겼는지 궁금해서 아버지께 한번 만나게 해 달라고 말씀을 드렸지요. 그랬더니 아버지께서 '양반집 자식이 부모가 정해 준 혼인에 순종하는 것이지 보기는 뭘 본다는 말이냐'라며 호통을 치셨어요. 그런데 동생은 단념을 못하고 밤잠 못 자며 고민했답니다. 그래서 저한테 부탁하기에 제가 아가씨를 보러 온 거랍니다. 아가씨, 제 동생을 한번 만나 줄 수 있나요?"

기가 막혔다. 하지만 한번 만나 보는 것도 나쁘지는 않겠다는 생각이 들었다. 어떤 사람인지 궁금하기도 했다.

"나는 아직껏 부모님으로부터 이 혼인에 대하여 정식으로 아무런 말씀을 들은 적 없습니다. 그래서 아무런 할 말도 없어요. 하지만 사정이 그렇다면 제가 동생 분을 한번 만나 보지요. 만나서 상황을 알아보기로 하겠습니다."

그 부인과 나는 다음 일요일에 화신상회 정문에서 만나기로 약속을 정했다.

궁으로 돌아와서 어머니께 약혼자의 누나가 찾아왔더라는 말씀을 드렸다. 하지만 약혼 당사자를 만나러 가겠다고는 차마 말씀드릴 수 없었다. 그 다음 일요일 나는 그 누나를 다시 만나기로 했다고 둘러대고 화신상회 앞으로 나갔다.

잠시 기다리니 전문학교 교복을 입은 키 작은 남학생 하나가 다가와서 자기소개를 하며 인사했다.

"저는 아가씨와 결혼하기로 부모님께서 정해 주신 이 아무개입니다."

나는 말없이 그를 따라 수송동에 있는 그의 누나 집으로 갔다. 우리는 아직 서로 외간 남녀였기 때문에 남의 눈에 띄는 찻집 같은 장소에서는 대화를 나눌 수 없었기 때문이다. 그는 당시 연세대학교 신학과 학생이었다.

그런데 누나의 집 안에 들어가 마주 앉아서 다시 그를 자세히 보니 별로 호감 가는 인상이 아니었다. 인상도 좋지 않았지만 특히 눈을 가장 중요하게 여기는 나는 그의 눈매가 영 마음에 들지 않았다. 눈썹이 치켜 올라갔고 날카로웠던 것이다.

"나를 어떻게 생각하나요?"

그의 첫 질문이었다.

"나는 약혼에 대해 알지도 못했고 생각도 안 했으니 어떻게 생각하고 말고도 없습니다."

애당초 나는 그에게 "이 약혼은 없었던 일로 하고 나에 대해서는 잊어 주세요"라고 말할 계획이었다. 그런데 그의 모습을 보고는 더욱 확실하게 내 마음을 굳히게 되었다. 그래서 서슴지 않고 단호하게 말했다.

"저는 이제 열여섯 살입니다. 지금 시집을 간다는 것은 꿈에서도 생각조차 해본 적 없어요. 또 부모님이 정혼하셨다고 무조건 마음에도 없는 사람과 결혼할 생각도 없고요. 그러니 없었던 일로 생각하고 저를 잊어 주세요. 당신 아버님께도 그렇게 전해 주시고요."

그런데 당돌한 나의 말에도 그는 바로 물러서지 않고 나를 달래려 했다.

"그래도 양반집 자식들이 어떻게 부모님의 말씀을 거역하겠습니까? 오늘 처음 만났는데 그러지 말고 우리 서로 좀 사귀어 보는 게 어떨까요?"

하나가 맘에 안 들면 열 가지가 다 고깝게 보인다고 했던가? 아니라면 아닌 걸로 깔끔하게 관계를 끝내지 못하고 부모님을 핑계로 매달리는 그의 태도 역시 맘에 안 들었다.

"결혼이라는 것은 인생의 행로를 정하는 중요한 일입니다. 그러니 나 자신이 직접 결정해야 잘되든 못되든 내가 책임질 수 있지요. 부모님 뜻대로 결혼했다가 나중에 잘못되었다고 부모님을 원망하면 무슨 소용이 있겠습니까? 아무튼 아직 미숙한 내 머리로는 좋고 나쁜 것을 가릴 자신이 없네요. 그러니 아예 결혼을 생각하지 않으려 합니다."

나는 딱 잘라 말하고는 그 집을 나와버렸다. 돌아오는 길에 나는 새로운 결심을 하게 되었다. 무슨 일이 있어도 대학에 진학하여 공부를 계속해야겠다고 말이다. 내가 좀 더 배워서 스스로를 지킬 힘이 있어야 나 자신의 운명을 결정해 나갈 수 있다고 생각했기 때문이다.

궁으로 돌아오자마자 어머니께 어떻게 된 일인지 사실대로 말씀드렸다.

"어머니, 오늘 약혼자를 만나고 왔습니다. 그가 마음에 들지도 않았고 저는 아직 결혼할 생각이 없습니다. 부모님께서 정해 주셨다고 무조건 그 뜻을 따라 하는 결혼 저는 싫습니다."

물론 어머니께 단단히 꾸중을 들었다. 하지만 나는 주저하지 않고 아버지께도 말씀을 드렸다.

"저는 절대로 결혼을 하지 않겠습니다. 아버지께서 정해 주신 그 약혼자에게는 제가 이미 파혼을 선언하고 돌아왔습니다."

당돌한 나의 말에 아버지도 기가 막히셨는지 아무 말씀도 않고 한참 동안 내 얼굴만 보고 계셨다. 나중에 들은 얘기로는 그때 아버지께서 이미 사주단자를 받아 놓은 상황이었다. 뒤늦게 그 사실을 알게 된 어머니는 처음으로 아버지께 화를 내셨다.

"딸을 시집보내는 이런 중요한 일을 저랑 한 마디 상의도 없이 결정하시다니요?"

그리고 부모님 뜻을 어기고 멋대로 행동한 나에 대해서도 화를 내셨다. 어머니께서는 화를 이기지 못하고 사동궁을 떠나 금곡金谷에 있는 홍릉洪陵 재실齋室로 가버리셨다. 홍릉은 어머니의 시아버지 되시는 고종 황제의 능이다.

그래서 그 크나큰 사동궁 안에는 나하고 나를 돌봐 주던 정님이란 사람만 남게 되었다. 어머니는 화가 많이 나셨는지 한동안 궁으로 돌아오시지 않았다. 그동안 나와 정님이는 생활비도 없이 지냈다. 조금 남아 있던 쌀로 밥을 짓고 어머니께서 마당 텃밭에 재배하신 오이와 호박으로 반찬을 만들어 고추장에 비벼 먹으며 살아갔다.

그러던 중 나는 경기여고를 졸업하고 이화여대 음악대학 입학시험에 합격했다. 그때 이화여대의 정식 명칭은 이화전문학교였다. 내 소망대로 대학에 진학하게 된 것이다. 나는 혼자서 이화여대에 가서 시험을 쳤다. 합격은 했지만 등록금을 마련할 수 없었다. 어머니께서 그때까지 돌아오지 않으셨고 부모님께서 나의 대학 진학에 동의하지 않으셨기 때문이다.

부모님, 특히 어머니의 동의를 받아야 했고 어머니께 말씀드리면 학비도 해결될 것 같았다. 하지만 우선 입학 등록금을 내고 난 다음 말씀을 드리기로 했다. 그래야 그만두라는 말씀을 안 하실 것 같아서였다. 나는 정님이의 도움을 받았다. 그녀가 그동안 월급 받아서 모아 놓은 돈을 빌려서 일단 대학교 등록금을 치렀다. 그런 후 어머니를 뵈러 금곡으로 찾아갔다.

해방 직후였던 당시는 금곡의 홍릉까지 마땅한 교통수단이 없었다. 그래서 나는 서울에서부터 지금의 경기도 남양주인 금곡까지 그 먼 길을 걸어서 가야 했다. 지금 사람들은 이런 얘기들을 안 믿을지도 모른다. 하지만 그때는 누구나 그렇게 살았기 때문에 그리 이상할 것도, 유난히 힘들 것도 없었다. 금곡에서 어머니를 뵙고 그동안 여고를 졸업하고 이화여대에 입학한 일, 그리고 정님이의 돈을 빌려 등록금을 낸 일 등을 말씀드렸다.

"하는 수 없구나. 네가 그렇게 대학교에 진학해서 공부를 계속하고 싶다면 그렇게 하여라. 학비는 내가 대줄 테니 걱정하지 말고."

자초지종 얘기를 모두 들으신 어머니께서는 흔쾌히 승낙해 주셨다. 완강히 반대하셨고 화를 내셨던 것에 비해 너무나도 쉽사리 어머니의 승낙을 받은 나는 어리둥절했다. 그리고 그동안의 긴장이 한순간에 풀려 그 자리에 주저앉을 것 같았다. 나중에 알고 보니 어머니께서는 홍릉에 계시면서도 내가 무슨 일을 하고 있는지 속속들이 다 알고 있었다고 한다.

▎당시 이대 기숙사 사감이던 김옥길 총장(오른쪽에서 두 번째)과 이해경(왼쪽)

약혼자 아버지와
담판을 짓다

드디어 바라고 소망하던 대학교에 입학했다. 나는 궁을 나와 이화여대 기숙사에 들어갔다. 엄격한 법도를 지켜야 했고 골치 아픈 일이 많았던 궁중 생활에서 일단 해방된 셈이다. 하지만 당시의 이화여대 기숙사 생활은 비참할 정도였다. 해방 직후여서 기숙사뿐만 아니라 전국이 물자 부족에 시달리고 있었기 때문이다.

반찬이 없어서 시커면 짠지만을 반찬 삼아 밥을 먹어야 했다. 학생들 영양 보충시킨다고 어떤 목장에서 짜온 우유로 죽을 쑤어 주기도 했는데 그 음식은 정말 난생 처음 먹어 보는 괴상망측한 음식이었다. 한 번도 먹어 본 적 없는 이상한 음식을 먹은 많은 학생들이 속이 뒤집혀 고생하기 일쑤였다.

뿐만 아니라 겨울에는 추위와도 싸워야 했다. 서양식으로 지어진 기숙사 건물에는 스팀으로 난방을 했는데 하루 한 시간씩밖에 스팀이 나오지 않았다. 나는 물론이고 다른 학생들도 손발에 동상이 걸렸다. 밤마다 이불 속이 따뜻해지면 동상 때문에 가려운 손발을 긁느라고 잠을 못 이루고 야단법석을 피우곤 했다.

물도 귀했다. 그나마 하나 있는 우물은 식수원으로만 써야 했다. 우리는 물통을 들고 신촌까지 나가서 그곳에 있는 우물에서 물을 길어다가 세수를 하곤 했다. 겨울에는 아침에 일어나면 전날 침대 밑에 떠다 놓은 물에 살얼음이 얼어 있었다. 물을 데울 수도 없어서 그 얼음물에 세수를 해야 했다.

그러나 나는 그 모든 일이 고생으로 생각되지 않았다. 내가 철이 없었는지 아니면 궁에서 벗어난 해방감 때문이었는지 오히려 즐겁게만 여겨졌다. 저녁이 되면 우리 음대생들은 재잘거리며 음악관으로 몰려가서 얼음이 박히고 동상으로 퉁퉁 부은 손가락으로 피아노 연습을 하곤 했다.

내가 기숙사에 들어간 후인 1946년 아버지께서는 사동궁을 헐값에 파셨다.

"이승만 박사의 정부가 수립되면 사동궁을 비롯해 모든 재산을 몰수당할 것입니다. 그러니 지금 얼른 파십시오. 저라도 우선 사들여서 어떻게 해보겠습니다."

이렇게 부추기는 협잡배의 농간에 속아 넘어가신 것이다. 이후 미군정이 사동궁은 국가 재산이니 이왕직에서 관리하라고 대법원장에게 통고했지만 대법원은 이를 묵살했다. 1948년 9월까지도 사동궁이 사유 재산인지 국유 재산인지에 관해 논쟁이 그치지 않았다. 그런데 아버지에게서 사동궁을 사들인 그 협잡배는 1948년 사동궁을 다시 다른 사람에게 팔았다. 그 후 대한의사협회회관으로 쓰이기도 한 사동궁은 1960년 11월 안타깝게도 화재로 사라지고 말았다.

아무튼 어머니께서는 사동궁을 떠나셔야 했다. 어머니는 안국동에 있는 별궁으로 이사하셨다. 그곳은 고종 황제 때 왕세자의 혼례를 위해 지은 별궁이었다. 순종 황제는 그곳에서 두 번의 가례嘉禮를 치르셨다.

이화여대에 다니던 4년 동안 가장 힘들었던 일은 약혼자라는

| 대한제국 마지막 황제 순종

사람이 계속 찾아와 성가시게 한 것이었다. 그는 처음 만난 후 한동안 내 앞에 종종 나타났다. 나를 설득하기 위해서였다. 그는 기숙사든 음악관이든 내가 있는 곳이면 어디든 찾아왔다. 처음에는 내가 그를 곤란하게 했다는 생각에 미안한 마음도 가지고 있었다. 그래서 그가 찾아오는 것이 그럭저럭 참을 만했다. 그래서 그와 싸운 적은 없었다. 그냥 대화하고 헤어지곤 했다. 그러다 보니 그에 대한 소문이 학교 안에 파다하게 퍼졌다. 특히 나와의 신접살림을 위해 그의 부모가 충북 보은에 쉰두 칸짜리 새 집을 지었다는 소문으로 더욱 유명해졌다.

당시는 서대문에서 연세대로 가려면 북아현동 고개를 넘어 이화여대 교정을 지나야 했다. 그때 이대 본관에는 영문과 학생이 많았는데, 건물 앞에 죽 앉아 있다가 연대 학생이 지나가면 놀렸다고 한다. 그래서 연대 학생들은 이대 앞을 지나갈 때 여러 명이 한꺼번에 몰려가곤 했다. 그중 나의 약혼자라는 남학생이 지나가면 내 친구들은 "쉰두 칸 지나간다, 쉰두 칸 지나간다"라며 놀리곤 했다.

그런데 2년쯤이 지나니 그와 그의 집안이 혐오스러워지기 시작했다. 그 오랜 시간 동안 단념하지 못하는 그들이 두렵고 미워졌다. 그즈음 그가 혈서를 써서 보냈다. 자기가 직접 가지고 온 것이 아니라, 친구들을 시켜서 기숙사로 보내온 것이다. 친구들이 전하는 것을 뭔가 하고 펼쳐 봤더니 혈서였다. 질겁하고 내용도 안 읽고 그 친구들에게 돌려보냈다. 그리고 말했다.

"이렇게 여자 하나 때문에 혈서까지 쓰는 남자라면 가서 죽으라고 하세요. 자기 피가 그렇게 귀중하지 않다면 죽는 게 낫지요."

그러던 차에 약혼 문제를 완전히 마무리 짓는 사건이 일어났다. 약혼자의 아버지가 궁으로 찾아온 것이다.

어느 날, 아버지께서 사동궁으로 나를 부르셨다.

"이 아무개가 너를 꼭 한번 만나고 싶다는데 만나 보겠느냐?"

아버지께서 말씀하신 분은 하마터면 시아버지가 될 뻔했던 사람이었다.

"네, 만나게 해주십시오."

당시 내 마음은 약혼자와 그 집안에 대한 미움으로 걷잡을 수 없이 헝클어지던 참이었다. 그런 참에 그 아버지가 나를 만나자 하니 단단히 각오를 하고 그분을 기다렸다.

그분이 오셨다고 나를 부르기에 방에 들어가 보니 아버지께서는 아랫목에 앉아 계셨고 그분은 아버지의 오른쪽 윗목에 아버지와 기역자로 앉아 계셨다. 나는 그 맞은편에 앉았다. 충청도 보은에서 오셨다는 그분은 옛날 양반집 할아버지의 전형이었다. 하얀 모시 두루마기를 입고 코 아래에 여덟 팔 자 모양의 수염을 기르고 계셨다. 내가 들어가서 인사를 하자마자 그분은 내게 호통을 쳤다.

"양반의 딸로 태어나서 부모님이 결혼하라면 할 것이지 무슨 잔소리가 많으냐?"

각오를 단단히 하고 간 나는 바로 말을 받았다.

"아무리 부모님 말씀이 있어도 그러는 거 아닙니다. 결혼은 제가 하는 겁니다. 제가 싫다는데 부모님께서도 강요하실 수는 없습니다."

나의 당돌한 말대꾸에 노발대발한 그분은 시뻘개진 얼굴로 아버지를 돌아보면서 도움을 청했다.

"아니, 저런 걸 가만 놔두세요? 내 자식 같으면 아마 다리몽둥이가 부러졌을 겁니다."

그 말씀에 나는 더욱 크게 반발했다. 그래서 더욱 완강한 어조로 말했다.

"그 댁에 시집갔더라면 큰일 날 뻔했네요. 다리병신이 될 뻔했잖습니까?"

그랬더니 그분은 분노에 수염을 떨며 "으으으으" 하고 신음 소리까지 내셨다. 그러더니 다시 소리를 질러 말씀하셨다.

"똑똑하다고 해서 얼마나 똑똑한지 내 눈으로 직접 보려고 왔더니, 과연 들은 대로 똑똑하구나."

그 말씀을 듣고 나는 한참 가만히 앉아 있었다. 하고 싶은 말을 다했기 때문이다. 조금 있다가 아버지께 말씀드렸다.

"말씀 끝나셨으면 저는 이만 물러가겠습니다."

그러고는 날아갈 듯 아버지께 큰절을 올렸다. 약혼자 아버지를 향해서는 고개로만 인사하고 방에서 나와버렸다.

"안녕히 다녀가십시오."

그날 내가 놀랐던 것은 나의 당돌한 태도에 대해 아버지께서 나무라지 않으셨다는 점이다. 아버지께서는 시종일관 아무 말씀도 안 하고 묵묵히 앉아 계셨다. 아마도 너무 어처구니가 없어서 그러신 게 아닐까 하는 생각도 들었다.

약혼자의 아버지는 내 태도에 몹시 화를 냈지만 나는 그분을 만나고 난 후 마음이 후련해졌다. 그 만남을 마지막으로 3년여 동안 나를 괴롭혔던 어설픈 약혼 소동이 막을 내릴 수 있었기 때문이다.

하지만 들리는 말에 의하면 그 댁에서는 그 후에도 나 때문에 파란이 많았다고 한다. 왕녀인 나를 며느리로 맞이한다고 새 집을 짓기도 했고, 약혼자의 어머니는 파혼 때문에 울화병을 앓다가 눈도 감지 못하고 돌아가셨다고 한다. 그 어머니 일을 생각하면 진짜 죄를 지은 듯 마음이 무거웠다. 돌이켜 생각해 보면 내가 그때 남에게

못할 일을 한 인과응보因果應報로
일평생이 행복과는 인연이 없나
하는 생각도 든다. 그러나 당시의
내 선택을 후회한 적은 단 한 번
도 없다.

언젠가 그 댁에서 색시 사진을
보내달라고 요청이 왔는데 우리
집에서 안 보냈다고 한다. 그런데
하도 채근을 하기에 나의 소학교
6학년 때 사진을 보냈다고 한다.

소학교 6학년 때의 이해경. 약혼자 집에 보내
졌다가 돌아온 사진이다.

약혼자는 한동안 그 사진을 가지고 다녔던 모양이다. 모든 일이 다
끝난 후 그 사진도 돌려보내 왔다. 그런데 사진 뒤를 보니 이런 글
귀가 쓰여 있었다.

'불쌍하다, 가련하다 나의 약혼자의 어린 모습.'

그는 왜 나를 불쌍하다고 여겼을까? 나는 오히려 그가 불쌍하고
그와 그의 집안 어른들에게 미안한 생각이 들었는데 말이다. 얼마
전 그의 친척이라는 젊은이가 내게로 이메일을 보내왔다. 만나고 싶
다는 것이었다. 하지만 거절했다. 더 이상 그에 대해 생각하기 싫었
기 때문이다.

현재 나는 미국에서 독신으로 살고 있다. 내가 혼자 살아온 이유
는 요즘처럼 '골드 미스'를 선호하는 세태와 같지 않다. 그동안 내게
는 세상의 움직임을 따라갈 마음의 여유도 없었다. 물론 결혼을 못

하고 살아오게 된 연유는 따로 있다.

나는 마흔 살 때 데이비드 샤피로David Shapiro라는 사람과 만나서 2009년 그가 세상을 떠날 때까지 우정과 사랑을 나누었다. 음악 지휘자인 그는 김복희 씨와 이정희 씨(서울대 음대 교수)가 소개했다며 나를 찾아왔다. 풀브라이트 장학 프로그램으로 서울대학교에 왔다가 그 두 사람을 만난 것이다. 그는 나에게 좋은 음악과 교양 선생이며, 나의 독창회 피아노 반주자였다.

그러나 우리는 서로 의식적으로 '결혼'이라는 단어를 입 밖에 내지 않았다. 그는 나를 만나기 전에 헤어진 전처로부터 많은 상처를 받았고 나는 결혼 생활에 대한 편견이 심해 자신이 없었기 때문이었다. 그러나 그와 함께 보냈던 40년은 나름대로 즐겁고 행복한 시간이었다.

┃ 이해경과 40년 동안 사랑과 우정을 나누었던 데이비드 샤피로

대한제국의 흥망

 1897년 2월 20일 러시아 공사관으로 피신했던 고종은 1년여 만에 경운궁으로 돌아왔다. 환궁 후 고종과 조정에서는 조선의 자주 독립을 강화하기 위해서 '건원建元'을 실시하였다. 1897년 8월 16일, 예전 친일 내각이 만든 연호인 '건양'을 버리고 '광무光武'라는 새로운 연호를 채택한 것이다.

 그해 9월부터는 '칭제稱帝'를 위해 가장 중요한 상징 시설물인 원구단圜丘壇을 만들었다. 원구단은 황제가 하늘에 제를 드리는 둥근 제천단祭天壇이다. 1897년 9월 17일 고종은 문무백관을 거느리고 원구단에 나아가 제를 올렸다.

 "금년 9월 17일에 백악의 남쪽에다 단을 설치하고 의절을 밝혀 상제上帝(하늘의 신)와 황기皇祇(토지의 신)께 아룁니다. 천하의 이름을 정하여 대한大韓이라 하고 이 해를 광무 원년으로 삼습니다."

 이날 황제에 즉위한 고종은 '대한제국'이라는 국호를 선포하였다. 이는 대한이 자주 독립 국가임을 국내외에 다시 한 번 천명한 역사적인 사건이었다.

 대한제국 정부는 1899년 8월 17일 '대한국 국제大韓國國制'를 제정·공포하였다. 전문 9조로 된 '대한국 국제'에는 대한이 자주 독립한 제국帝國이며, 대한제국의 정치 체제는 황제가 입법권·행정권·사법권 등 3권은 물론, 군통수권과 기타 모든 절대 권한을 장악하도록 규정한 내용이 담겨 있다.

대한제국은 대외적으로 '중립'을 선언하였다. 그런데 스스로 실력을 기르는 데 총력을 집중하지 않고 러시아에 주로 의존하였다. 그 결과 대한제국은 러시아에게 많은 이권을 강탈당했으며, 여기에 반발하는 일본을 무마하기 위해 또 다른 이권들을 넘겨줘야 했다.

1903년 4월 러일전쟁의 조짐이 보이자 대한제국 정부는 다시 한 번 중립을 선언하였다. 이는 전쟁에 휘말리지 않기 위한 조치였지만 일본은 이를 존중하지 않았다. 일본은 1904년 2월 8일 인천항에 정박하고 있던 러시아 군함 두 척을 공격하여 격침시킨 후, 일본군을 인천에 상륙시키고 러시아에 선전포고함으로써 러일전쟁을 도발하였다. 일본군은 서울을 점령하고 대한제국을 무력으로 위협하여 '한일의정서'를 강제로 체결하였다. 대한제국은 일본군에 협조하고 일본군은 대한제국 내의 군사 전략상 필요한 토지를 수용하는 권리를 가진다는 내용이었다. 이후 대한제국의 주권은 일본에 의해 심하게 침해되기 시작하였다.

일본은 대한제국의 주권을 침탈하면서, 이른바 '보호국'으로 반식민지화하는 작업을 추진하였다. 이에 전국에서 항일 의병 운동이 일어나기 시작하였다. 고종 황제는 1904년 11월 이승만李承晩에게 밀지를 주어 미국 정부의 협조를 구하도록 파견하였다. 그러나 러일

전쟁에서 승리한 일본은 1905년 9월 러일강화조약을 체결하고 영국과 미국의 승인을 얻어냈다. 대한제국을 돕기 위해 일본에 대항할 나라가 없어진 것이다.

1905년 일본은 이토 히로부미伊藤博文를 특명전권대사로 파견하여 고종 황제에게 이른바 '을사늑약' 체결을 강요하였다. 이는 대한제국의 외교권을 빼앗고 일본 통감의 지배를 받는 것을 내용으로 하는 조약이었다. 고종 황제는 조약 체결을 거부하였다. 일본군의 포위와 무력 위협 하에서도 세 명의 대신은 끝까지 체결에 반대했으나 다섯 명의 대신(을사오적)은 결국 조약에 동의하였다.

그러나 대한제국의 조약 체결권자인 고종 황제는 끝까지 '을사늑약' 체결에 반대하고 승인도, 비준도 하지 않았다. 그럼에도 불구하고 일제는 성립되지 않은 조약을 군사 무력에 의거하여 불법으로 강제 집행하였고 대한제국은 외교권을 비롯한 국권의 일부를 강탈당하였다.

일본은 1906년 2월 1일 서울에 통감부를 설치하여 대한제국을 장악하고 한국 민족의 의병 운동과 애국 계몽 운동 등 격렬한 저항을 무력으로 탄압하였다. 1910년 8월 22일 일본은 이른바 '한일합방조약'이라는 것을 강요하여 식민지로 강제 점령함으로써 대한제국은 멸망하게 되었다.

－〈한국민족문화대백과사전〉(한국학중앙연구원) 참고

제2부

내 삶을
휘저어 놓은
6·25전쟁

실감할 수 없었던
전쟁

1950년 이화여대 음악과를 졸업한 나는 그해 5월 30일 여고 음악 선생으로 취직하였다. 지금도 서울 안국동에 자리하고 있는 풍문여고에 재직하게 되었다. 풍문여고는 원래 별궁 터 한편에 지어진 학교였다. 나도 모르고 있었는데, 풍문여고 재단에 어머니와 아는 분이 있었던 것 같다. 어머니께서 그분께 부탁해 주신 덕분에 나는 졸업하자마자 취직이 된 것이다. 그런데 나의 교사 생활은 단 2주로 그치고 말았다. 6·25전쟁이 일어나서 더 이상 정상적인 수업을 할 수 없게 되어서였다.

교사가 된 지 얼마 지나지 않은 어느 날이었다. 친구와 함께 서울 종로 거리를 걷고 있는데 별안간 사방이 어수선해졌다. 어디선가 고함 소리도 들렸다.

"전쟁이 터졌다."

사람들은 이리저리 우왕좌왕 뛰어다녔고 트럭에 탄 학생들이 군가를 부르며 북쪽을 향해 가는 모습도 보였다.

전쟁이라면 나도 일제강점기 말기에 겪어 보았다. 하지만 당시 내가 겪은 일은 미군의 B-29 폭격기가 서울 상공에 나타났다고 하면 잽싸게 방공호로 뛰어 들어가는 것이 전부였다. 폭격이 떨어지는 장면을 실제로 본 적은 한 번도 없었다. 총격이나 폭발 때문에 사람이 죽거나 다쳐서 피 흘리는 무서운 상황도 겪은 적이 없었다. 그래서인지 나는 전쟁이 얼마나 심각한 일인지 실감하지 못했다. 난리가 난 그날도 나는 친구와 철없이 웃으며 농담을 나눴다.

"얘, 이제 전쟁 나면 언제 죽을지 모르는데 우리 맛있는 과자나 실컷 먹고 가자."

우리는 이런 얘기를 하며 정말 과자가게로 향했다. 주머니에 있던 돈을 다 털어 과자를 실컷 사먹고 밖으로 나와 보니 멀리서 쿵쾅거리는 대포 소리가 들리기 시작했다. 그제야 우리는 사태의 심각성을 느꼈다.

친구와 헤어져 부리나케 집으로 달려갔다. 어머니께서는 벌써 집안 식구 모두를 한 방에 모아 놓고 말씀하고 계셨다.

"좀 더 상황을 지켜보고 우리가 어떻게 할지 결정하자. 그때까지 위험한 일을 당하지 않도록 모두 각별히 주의들 해라."

그러나 상황은 곧바로 더욱 심각해졌다. 쿵쾅거리는 대포 소리는 점점 더 가까워졌다. 밤이 되니 전차戰車가 굉음을 내며 안국동 거리를 지나갔다. 우리는 아침이 되기까지 방 하나에 모여 앉아 불안에 떨며 온밤을 꼬박 새웠다.

아침이 되어 우연히 중앙청 쪽을 쳐다본 누군가 비명을 질렀다.

"아이쿠, 중앙청 꼭대기에 빨간 깃발이 날리고 있네!"

그 말에 심장이 철렁 내려앉는 것 같았다. 그때의 막막했던 심정은 뭐라 표현할 수 없을 정도다. 그 막막함은 피란을 떠나지 못하고 서울에 남아 있던 모든 사람이 뼈저리게 체험한 공통적인 심정이었을 것이다.

요란한 소리와 함께 인민군의 전차가 풍문여고 교정에 들어왔다. 우리 식구들은 공포에 떨며 어찌해야 할 바를 모르고 있었다. 그래도 그날 아침밥은 먹었던 것 같다. 식사를 하는 둥 마는 둥 상을 물리고 조금 앉아 있으니 아래채에서 야단법석이 났다.

"도망을 쳐야 하니 옷 한 벌만 빌려 주세요."

국군 패잔병 한 명이 담을 뛰어넘어 들어와 사정을 하고 있었다. 얼른 허름한 옷 한 벌을 찾아서 그에게 내주었다. 그가 나간 지 얼마 안 되었을 때였다. 이번에는 내 방이 있던 뒤채 쪽에서 식모가 뛰어 들어왔다.

"아씨, 큰일 났어요. 어떤 남자가 아씨 방으로 뛰어 들어와서 아씨를 찾아요."

황급히 내 방으로 달려가 방문을 열어봤다. 방 안에는 아무도 없었다. 어찌된 일인가 두리번거리는데 다락 안에서 누가 내 이름을 불렀다.

"해경이!"

다락문을 열고 보니 경기여고 시절의 은사가 거기 숨어계셨다. 그분은 한때 경기여고에서 음악 선생님을 하다가 풍문여고로 자리를 옮겼다.

"아니, 선생님, 여기 웬일이세요?"

내가 깜짝 놀라 물었다. 그 선생님은 여전히 불안에 떨며 자초지종을 이야기하셨다.

"학교에서 숙직 근무를 하고 있는데 별안간 인민군들이 학교로 몰려 들어오더라고. 얼마나 깜짝 놀랐는지 지금도 심장이 쿵쾅거리는구면. 무서워서 발걸음도 제대로 떨어지지 않는 걸 간신히 진정하고 학교 뒷담을 넘어서 도망쳐 온 거란다."

풍문여고는 원래 별궁 땅에 지은 학교였다. 그래서 그 학교와 내가 살고 있던 별궁 사이에는 담 하나만 있었던 것이다.

"선생님, 이제 아무 걱정 마시고 다락에서 내려와 점심이나 드세요."

마침 점심시간도 되고 해서 나는 느긋하게 선생님께 말씀드렸다. 그런데 선생님은 깜짝 놀라며 손사래를 치셨다.

"모르는 소리 하지 마라. 나는 그놈들이 얼마나 무서운지 잘 알아. 나 황해도 해주海州에서 살다가 월남했잖아. 그래서 지금 그놈들에게 잡히면 나는 꼼짝없이 죽는다."

선생님은 여전히 벌벌 떨며 다락에서 나오려 하지 않았다. 어쩔 수 없이 점심 밥상을 다락 위로 올려드리고 나는 밖으로 나왔다.

말로만 듣던 잔인무도한 공산군들이 코앞에 몰려와 있다고 생각하니 새삼 섬뜩한 마음에 몸서리가 쳐졌다. 담 너머로 학교 쪽을 살짝 넘겨다보니, 정말 공산군들이 왔다 갔다 하고 있었다. 나도 새삼 무서워져 어찌할 바를 모르고 하루 종일 우왕좌왕했다.

해가 저물어 어둑어둑해지자 선생님께서 다락에서 내려오셨다.

"이제 어두워졌으니 슬그머니 나가 볼까 한다. 언제까지 여기 있을 수 없지. 여기 있다가 내가 붙잡히면 네게도 피해가 될 거다."

선생님은 나를 걱정하셨지만 나는 선생님이 걱정되어서 재동 큰 길가까지 모셔다 드리고 돌아왔다.

공포와 굶주림에 떨었던
적 치하의 삶

이튿날, 길거리에 나가 보니 빨간색 완장腕章을 두른 남자들이 두 팔을 휘젓고 돌아다니는 모습이 눈에 많이 띄었다. 을지로 4가에서 인쇄소를 운영하던 사람이 그들에게 잡혀서 마차에 묶여 끌려갔다는 소문이 들렸다. 불현듯 학교 선배인 김복희 언니 생각이 났다. 그 언니의 아버지인 팔봉八峰 김기진金基鎭 선생이 당시 을지로 4가에서 인쇄소를 운영하고 계셨던 것이다.

아니나 다를까 얼마 후 김복희 언니가 창백한 얼굴로 흐느적흐느적 별궁으로 들어왔다. 다리 힘이 다 빠져 제대로 걷지도 못하는 것 같았다.

"아니, 언니 안색이 왜 그래요? 무슨 일 있어요?"

너무도 놀란 내가 언니 손을 덥석 부여잡고 물었다.

"아버지가 돌아가셨대."

| 수유리 팔봉동산에서 김복희 선배(왼쪽)와 이해경

언니는 그 한 마디를 내뱉고는 내 방에 들어가 누워버렸다. 그리고는 춥다며 이불을 달라고 했다. 그때는 6월 하순 여름이었는데도 언니는 쇼크로 인해 오한에 시달렸던 것이다. 놀란 나는 아무 말도 못하고 언니 곁에 앉아 있을 수밖에 없었다.

한참 누워 있던 언니가 뒤집어썼던 이불을 제치고 울면서 말문을 열었다.

"아버지가 공산당에게 잡혀가 사형을 당하셨다는 말을 들었어. 그래서 시신이라도 찾으려고 달려갔지. 그런데 시체가 산더미처럼 쌓여 있더라고. 이제껏 시체더미를 뒤지다가 온 거야. 그래도 아버지 시신은 끝내 못 찾았으니 이 일을 어쩌지?"

말을 마치고 계속 울기만 하던 언니는 느닷없이 "나는 간다"라는 말 한 마디를 남기고 불쑥 떠나버렸다. 다시 시신을 찾으러 가는 것 같았다. 그때 나는 어찌나 겁이 나던지 언니에게 위로의 말을 한 마디도 못했다. 물론 언니의 아버지 시신을 찾으러 같이 다녀 주겠다는 말도 못했다. 나중에 알고 보니 복희 언니의 아버지는 사형장까지 끌려가셨다가 천우신조天佑神助로 목숨을 건지셨다고 한다. 하지만 그때 입은 부상 후유증으로 여러 해 고생을 하셨다고 한다. 세월이 흐른 후 그분은 《나는 이렇게 살았다》라는 제목으로 자신의 끔찍한 체험담을 적은 책을 펴내셨다.

언니가 가고 난 후 문득 어머니 의친왕비를 피신시켜야 한다는 생각이 들었다. 어머니께 말씀드려서 머물고 계시던 큰 채를 비우고 뒷담 쪽에 있는 가까운 조그마한 방으로 옮겨 드렸다. 그랬더니 어머니께서는 다락을 뒤져서 우리 집안 가족사진과 훈장들을 찾아서 내게 주셨다.

"당장 이것들을 모두 없애 버려라."

"아니, 이 귀한 것들을 왜 없애라 하십니까?"

내가 여쭈니 어머니께서는 호령을 하셨다.

"저놈들이 이것들을 보면 우리를 당장 죽일 것이다. 어서 빨리 없애지 않고 뭐하는 게냐?"

그날 밤 나는 부엌 아궁이 앞에 앉아서 그 훈장들을 두들겨 부수어 아궁이 속에 깊이 묻어버렸다. 그 작업을 하는 내내 설움에 겨워 울음을 멈출 수 없었다. 훈장과 집에 있던 금으로 된 용 모양 상을 함께 묻었는데, 그게 무엇이었는지는 아직도 알 수가 없다. 그런데 사진들은 차마 없애지 못하고 어머니 몰래 내 방 다락 깊숙이 감추어 두었다.

그 다음 날, 아버지께서 안국동 별궁으로 오셨다. 그때 아버지께서는 돈암동 집에 머물러 계셨다. 나는 또 한 번 놀라지 않을 수 없었다. 아무 예고도 없이 그것도 혼자서 짐마차를 타고 오신 것이다. 아버지는 생전 혼자서 바깥 출입을 하신 적이 없다. 그것도 짐마차를 타고 오시다니……. 물론 당시는 그런 것들을 가릴 상황이 아니었다. 너무나도 절박한 상황이었던 것이다.

아버지를 만난 어머니는 무척이나 기뻐하셨다. 전쟁 중이라는 것을 잠시 잊으셨나 할 정도였다. 그도 그럴 것이 어머니께서 아버지와 단둘이 조그만 방에서 오붓하게 지내신 것은 두 분 결혼 후 그때가 처음이었을 테니 말이다.

아니나 다를까 우리가 살던 궁까지 인민군이 들어왔다. 우리 가족은 모두 궁의 맨 뒤채에 있는 조그만 방으로 쫓겨나고 궁 앞부분은 내무성과 여맹의 본부가 되었다. 인민군은 내가 음악을 전공했다고 하니 인민학교에 음악 교사를 하러 나오라고 했다. 피할 도리가 없었다. 하지만 그들 말을 듣고 싶지는 않았다. 나는 가족을 먹여 살리기 위해 식량을 구하러 다녀야 한다는 핑계를 대고 학교에 나가지 않았다.

우리 국민 중 6·25전쟁 통에 고생 안 한 사람은 하나도 없었을 것이다. 당시 우리 가족도 정말 기가 막히는 절박한 상황에 맞닥뜨렸다. 전쟁이 일어나고 공산군에게 서울이 점령되자 정부에서 지원되던 황실의 생활비가 끊겨버렸다. 전쟁이 일어나자마자 별궁에서 일하던 사람들 중 돌아갈 곳이 있는 사람은 모두 돌려보냈다. 그럼에도 불구하고 남은 식구는 아홉이나 되었다. 곧 쌀이 바닥났다. 나는 하는 수 없이 다락에 넣어 두었던 비단을 꺼냈다. 그 비단은 어머니께서 사서 모아 두신 내 혼숫감이었다.

나는 그 비단을 배낭에 넣어 걸머지고 동대문 시장으로 나갔다. 전쟁 중인데도 불구하고 시장은 인파로 물 끓듯 했다. 내가 배낭에서 비단을 꺼내기가 무섭게 사람들은 내 옷깃을 잡아끌었다. 내가 가지고 간 비단을 서로 자기에게 팔라고 성화였다. 사방에서 내 팔을 잡아당겨 팔이 떨어져 나갈 것 같았다. 물가와 시세를 알 리 없는 나는 그저 그들이 주는 대로 돈을 받고 비단을 팔았다. 그 돈으로 쌀 가게에서 쌀을 한 말 사서 집으로 돌아왔다.

조그만 냄비에 흰쌀밥을 지어 부모님께만 드리고 나머지 사람들은 채소를 잔뜩 넣어 죽을 쑤어 먹었다. 다행히 어머니께서 마당에 심어 놓으신 아욱 같은 채소들이 있었다. 가끔 어머니께서는 식사가 끝난 후 나를 조용히 불러서 잡수시지 않고 남겨 둔 흰쌀밥을 주셨다.

"얘야, 죽만 먹으니 얼마나 배가 고프겠니? 이거라도 더 먹으렴."

"아니에요. 저는 잘 먹고 있으니 걱정 마시고 어머니 많이 드세요."

내가 이렇게 사양하면 어머니께서는 죽을 달라고 하시기도 했다.

"나는 죽을 더 좋아하니 이 밥은 네가 먹고 너희가 먹는 죽을 좀 주려무나."

당시 아버지께서는 일흔셋의 고령高齡이셨다. 아버지께서는 하루 종일 방 안에 앉아 하늘에만 귀를 기울이셨다. 미군 비행기를 기다리시는 것이었다.

"저 사람들이 와서 우리를 살릴 거다."

아버지께서는 바로 궁의 앞마당까지 인민군이 들어와 있는데도 피신할 생각을 하지 않으셨다. 피신은커녕 비행기 소리가 들리면 큰 소리로 말씀하시며 손뼉도 치셨다. 그때마다 어머니께서는 아버지의 손을 꽉 붙들고 만류하셨다.

"전하, 누가 듣습니다."

그러면 아버지께서는 어머니께 눈을 한번 흘기고 가만히 계시곤 했다.

인민군 협주단에서의
탈출과 도피

　적 치하에서 불안과 공포에 떨며 살았지만 시간이 지나니 긴장도 좀 풀리는 듯했다. 그래도 의용군으로 잡아간다고 젊은 여자들은 길에 나돌아 다니지 말라고 하였다. 하지만 방에만 들어앉아 있을 수는 없었다. 당장 먹을 식량을 구하려면 궁 밖으로 나가야 했다. 당시 좌익 음악인들이 만든 음악 동맹이라는 것이 있었다. 나는 잘 아는 사람에게서 음악 동맹 완장을 하나 얻을 수 있었다. 그걸 차고 무사히 시장에 다닐 수 있었다.

　하루는 서울 명동 시공관에서 북한 음악인의 공연이 있다는 소식이 들려왔다. 소련 모스크바에서 1등상을 받은 음악인들이 무대에 선다는 것이었다. 나는 선배인 복희 언니와 함께 아무 생각도 없이 시공관으로 구경을 갔다. 그런데 그 공연은 미끼였고 함정이었다.

음악회가 끝나고 밖으로 나오려는데 갑자기 주최 측에서 시공관의 문을 닫아거는 것이 아닌가? 그리고는 나가려는 관객을 일렬로 세워 음악인들을 골라냈다. 음악대학을 졸업한 나와 복희 언니는 어쩔 수 없이 음악인 줄에 따로 서게 되었다. 아니라고 거짓말을 할 수도 없었다. 좌익계 음악가들이 앞에 서서 음악 하는 사람을 다 골라냈기 때문이다.

공포에 질려 떨고 있는 음악인들에게 인민군 하나가 다가왔다.

"여기 모인 음악인 동무들과 함께 인민공화국 경비대 협주단을 조직하겠습네다. 당장 만들어야 하니 우리와 함께 갑시다."

그들은 우리를 자하문 밖에 있는 어떤 건물로 데려가 인민군복으로 갈아입히고 다시 명동성당으로 데려갔다. 명동성당을 점령하여 협주단의 합숙소를 만든 것이다. 그 인민군들은 경비대 협주단을 만들라고 이북에서 지령을 받고 내려온 사람들이었다.

느닷없이 붙들려 갔던 우리는 사흘 후에야 첫 외출을 허락받았다. 집에 가서 협주단 이야기를 알리고 돌아오라며 내보내 준 것이다. 그때 배급이라며 쌀을 한 주머니씩 나눠 줘서 그것을 들고 집으로 돌아왔다.

한편, 음악회에 간다고 집을 나간 내가 사흘 동안이나 돌아오지 않으니 집에서는 야단법석이 났던 모양이다. 하지만 그때는 나간 사람이 돌아오지 않으면 '죽었나 보다' 하고 단념해야 했다. 사람을 찾으러 다닐 상황이 아니었던 것이다.

집으로 돌아와 부모님을 뵙고 어떤 말을 했는지, 그분들이 죽은

줄 알았던 나를 어떻게 맞이해 주셨는지 당시의 상황이 도무지 기억나지 않는다. 아마도 내가 급변하는 상황에 얼이 빠져 있었기 때문인 것 같다. 아무튼 나는 그 협주단에서 생활하면서 배고픔을 면할 수 있었다. 또 가끔 나눠 주는 쌀을 집에 있는 가족에게 전해 줄 수도 있었다.

그때 우리는 클래식 협주단의 일원이 되었고 국악인, 연예인으로 구성된 단체도 있었다. 이름을 대면 알 만한, 웬만한 음악인이나 연예인은 다 잡혀 온 것이다. 그래서 협주단 단원들은 모두 남한의 음악인들이었다. 갇혀 살다시피 한 생활 속에서도 우리는 밖에서 들려오는 전황 소식을 몰래 나누기도 했다. 우리가 기다리는 소식은 미군과 국군의 서울 탈환이었다. 그러던 어느 날, 단원 중 한 사람이 가만히 다가와서 우리에게 귀띔했다.

"미군이 인천에 상륙했대."

우리는 설레는 마음으로 하루빨리 그곳에서 탈출할 궁리만 하고 있었다. 그런데 며칠 후 단장이 단원 전부를 모아 놓고 청천벽력과 같은 명령을 내렸다.

"동무들, 내일 새벽 평양으로 떠날 것이니 소지품을 챙겨서 집합하시오."

음악회 한번 잘못 갔다가 강제로 협주단이 되었지만 그대로 평양까지 끌려갈 수는 없었다. 나는 꾀를 하나 냈다. 내 얼굴에 난 커다란 종기를 내세워 지도원을 찾아갔다. 지도원은 그 조직에서 가장 높은 사람이었는데, 나이는 20대 중반쯤 되었다. 그는 진짜 공산당원으로 협주단을 이끄는 실질적인 책임자였다. 그의 아버지는 대한제국 때 독립운동을 하려고 소련에 갔다가 고향인 북한으로 돌아와 살던 사람이라고 했다. 그는 김일성대학에 다니다가 전쟁이 나자 협주단을 만들라는 지령을 받고 남한으로 내려왔다.

"얼굴에 종기가 심하니 떠나기 전에 병원에 가서 치료할 수 있게 해주세요."

평소 내게 호의를 베풀던 지도원은 병원에 다녀올 수 있도록 출입증을 만들어 주었다. 그리고 병원까지 차를 태워 주겠다고 했다. 나는 가까운 거리니 걸을 수 있다고 하고 그곳을 나오자마자 집으로 도망쳤다. 남아 있던 많은 다른 단원도 목숨을 걸고 담을 넘어 도망쳤다고 한다.

오랜만에 돌아와 보니 집의 상황도 엉망진창이었다. 안국동 별궁은 인민군에게 빼앗기고 부모님은 다시 이산가족이 되셨다. 아버지께서는 예전에 한때 머무르셨던 효자동 영길이네 집으로 가셨고 어머니는 그 동네에 있는 쓰러져가는 초라한 빈집을 얻어 살고 계셨다. 영길은 〈비둘기 집〉이란 노래의 가수로 잘 알려진 동생 이석李錫의 다른 이름이다.

나는 어머니께 문안과 몸조심하시라는 당부 말씀만 드리고 다시 작별 인사를 해야 했다.

"누가 저를 잡으러 올지 모르니 제가 집에 왔었다는 말씀은 누구에게도 하지 마세요."

어머니 집을 나온 후 재동에 있는 수덕당 언니 집으로 갔다. 그러나 그곳도 안전한 곳은 못 되었다. 나는 다시 다른 곳으로 옮겨서 한동안 숨어 있었다.

그 다음 날 우리가 도망간 것을 알게 된 단장은 노발대발했다고 한다.

"탈출자 모두를 잡아 와라. 저항하면 죽여도 된다."

그러나 그의 서슬 퍼런 명령에도 불구하고 도망친 사람들은 다시 잡히지 않고 모두 무사했다. 도망치지 못하고 남아 있던 단원들은 걸어서 북쪽으로 끌려갔다. 가다가 공습空襲에 죽은 사람도 있고 더러는 혼란을 틈타서 뒤늦게 탈출했다고도 한다. 어쨌든 당시의 비참했던 상황은 말로도 글로도 표현하기 어려울 지경이었다.

인천에 상륙했던 미군이 드디어 서울로 들어왔다. 서울에 인공기가 휘날린 지 석 달 만에 탈환이 된 것이다. 9·28수복 전날 밤에는 서울 시내에서 맹렬한 시가전이 벌어졌다. 곳곳에서 콩 볶는 듯한 총소리가 들렸고 사방에서 불꽃이 넘실거렸다. 실로 아비규환阿鼻叫喚, 지옥의 참상 바로 그것이었다.

'국군이 서울을 되찾았으니 이제 살았구나.'

수복이 된 날 아침 비로소 그런 생각이 들었다. 길가에 나가 보니 참혹하게 죽어간 시체가 여기저기 널려 있었다. 나뿐만 아니라 숨어 있던 다른 사람들도 골목골목에서 쏟아져 나왔다. 숨어 있느라 옷차림은 남루하고 얼굴은 해쓱했지만 사람들은 손에 태극기를 들고 "대한민국 만세!"를 목청껏 외쳤다.

나는 바삐 별궁으로 돌아갔다. 인민군이 급히 도망가느라 그들이 차지하고 있던 집 안은 아수라장이 되어 있었다. 내 방으로 가보니 다락 깊숙이에서 어떻게 찾아냈는지 내가 그리 아끼던 우리 집안 사람들의 사진도 갈기갈기 찢겨 버려져 있었다. 그 찢겨진 사진을 보노라니 전쟁의 상처가 새삼 더 아프게 다가왔다. 도망가기도 바빴을 텐데 왜 우리 가족의 사진을 찢어 놓고 갔을까? 우리가 살았던 모습이 그토록 증오스러웠을까? 지금도 이해되지 않는다. 그 사진들이 남아 있었더라면 그중 몇 장이라도 황실 가족의 옛 모습을 알 수 있는 자료가 되었을 것이다. 개인적으로 아쉬운 것은 물론, 사료를 잃은 것 같은 마음에 안타까움이 더해진다.

공산 부역자로 몰려
억울한 옥살이

"이제는 살았다."

나는 물론이고 우리 가족 모두 안도의 한숨을 돌렸다. 우리는 비로소 마음을 놓고 흐트러진 집 안을 정리하기 시작했다. 그런데 전혀 예상치 못한 일이 생겼다. 수복된 지 며칠 안 되어 종로경찰서에서 나왔다는 형사가 궁에 찾아왔다. 나를 잡으러 온 것이다. 나는 종로경찰서로 연행되었다. 영문도 모른 채 경찰서 안 커다란 강당 같은 건물로 끌려갔다. 거기에는 남녀를 구분하여 사람들을 양쪽으로 앉혀 두었는데 얼굴을 알 만한 사람도 많이 있었다.

당시 경찰서의 유치장은 잡혀 온 사람들로 가득 차서 우리를 강당에 수용했다고 했다. 거기에는 별의별 사람이 다 끌려왔는데 특히 의사가 많았다. 미처 피란 가지 못하고 서울에 남아 있던 의사는 모두 다 붙들려 온 듯했다. 그들의 죄목은 모두 '인민군을 치료해 준 것'이라고 했다.

나도 인민군의 사기를 북돋기 위해 협주단으로 활동했다는, 다시 말해 공산 부역자였다는 죄목으로 잡혀간 것이었다. 나로서는 도무지 이해되지 않는 처사였다. 어떻게 우리를 공산 부역자라 비난할 수 있는가? 도대체 우리에게 무슨 죄가 있다고 그렇게 붙잡아 가둔단 말인가?

전쟁이 터지자 정부는 허위 사실을 방송하여 국민을 속였다.

"조금도 걱정하지 마십시오. 우리 국군이 공산군을 무찌르며 북진하고 있습니다."

그러면서 정부는 죄 없는 서울 시민들을 인민군 수중에 내버려 둔 채 저희만 살겠다고 도망치지 않았던가. 게다가 예고도 없이 한강 다리를 폭파해서 피란 가던 수많은 국민을 죽거나 다치게 하지 않았던가. 그리고 적 치하에서 석 달 동안이나 굶주림과 공포에 떨게 만들지 않았던가.

그래놓고 이제 와서 죽음의 위험에서 헤매다가 간신히 살아남은 사람들을 이적행위利敵行爲를 했다고 몰아붙이다니. 우리는 다만 그들에게 붙들려서 하라는 대로 노래를 불렀을 뿐이다. 죽는 것이 두려워서 시키는 대로 했을 뿐이다. 노래만 부르면 목숨도 살려 주고 가족이 먹을 식량도 준다는데 그것을 거부하고 목숨을 내놓았어야 했을까?

우리는 그러면서도 국군이 돌아올 것만 간절히 기다리고 있었다.

국군이 돌아오면 우리도 인민군을 위해 노래하지 않을 수 있으리라 실낱같은 희망의 끈을 놓지 않았다. 그런데 이제 와 부역자로 몰아 또 가둔다니. 전쟁이라는 것은 정말 참혹하고 무섭다. 전세戰勢가 뒤바뀔 때마다 억울하게 죽어가는 것은 선량한 국민뿐이다. 이런 생각에 이르니 삶에 환멸이 느껴졌다.

오래전 미국에서 〈25시〉라는 영화를 본 적이 있다. 국내에도 잘 알려진 C. V. 게오르규라는 작가가 쓴 같은 이름의 소설을 영화로 만든 것이다. 그 영화의 주인공은 폴란드의 촌에서 행복하게 살던 평범한 농민으로, 제2차 세계대전 때 독일군에게 붙들려 갔다. 그리고 몇 년 동안 독일군에게 시달리던 중 전쟁이 끝났다. 그런데 독일군에게 이용당해 선전용으로 사진을 찍은 것이 문제가 되어 전범 재판에 회부되었다. 그는 간신히 무죄로 석방되었지만 그의 인생은 이미 산산조각이 난 후였다. 그의 인생은 어디 가서 보상받을 수 있을까?

6·25전쟁 때 내가 겪었던 일도 〈25시〉의 주인공의 경우와 같은 맥락이다. 그와 다른 점은, 나의 경우 천만다행으로 고통의 시간이 상대적으로 짧았다는 것뿐이다. 하지만 테이프처럼 잘라 낼 수 있다면 그때의 악몽을 잘라 버리고 싶다. 6·25전쟁 때 나와 같은 경험을 한 사람은 모두 같은 마음일 것이다. 그동안 지우고 싶은 마음에 누구 앞에도 꺼내 놓지 않았던 기억이다. 그런데 처음으로 이런 이야기를 들추면서 당시를 생각하니 다시 가슴이 떨리며 분노가 되살아난다.

다행히 나는 난생 처음으로 '의친왕의 딸'이라는 신분의 혜택을 받을 수 있었다. 내가 부역자로 몰려 감금되었다는 소식을 들은 어머니께서는 깜짝 놀라 이리저리 수소문하여 종로경찰서장에게 연락하신 모양이었다. 다행히 당시 종로경찰서장은 일제강점기에 조선 왕실을 관리하던 기관인 이왕직 경찰서장을 지낸 사람이었다고 한다.

"내 딸은 가족을 먹여 살리려고 이리저리 뛰어다니다가 인민군에게 잡혀간 겁니다. 그리고 목숨을 건지기 위해 협주단에서 일한 겁니다. 그런데 지금 와서 대한민국 경찰이 다시 잡아가다니 이게 말이 됩니까? 빨리 억울한 사정을 밝혀 주세요. 어서 내 딸을 석방시켜 주세요."

어머니께서 종로경찰서장에게 말씀해 주신 덕분에 나는 간단한 조사만 마치고 사흘 만에 풀려나왔다. 난 사흘이었지만 다른 사람들은 일주일 이상 고초를 겪었다.

경찰서 안에서 우리는 정말 형편없는 대접을 받았다. 식사 시간이 되면 어떤 사람이 보리 삶은 것을 양동이에 담아서 가지고 왔다. 그러고는 자른 신문지 조각을 한 장씩 나눠 줬다. 그 신문지가 뭔가 어리둥절하고 있는데, 거기에 보리밥을 한 국자씩 떠주는 것이었다. 그러니까 그 신문지 조각이 밥그릇이었던 셈이다. 처음에 그걸 들고 기가 막혀서 가만 들여다보고 있는데 옆 사람이 다가와 조용히 말했다.

"학생, 그거 안 먹을 거면 나 줘."

그는 들어온 지 며칠 된 사람이었다. 그래서 그 형편없는 밥이라도 안 먹으면 자기만 손해라는 것을 잘 알고 있었던 것이다. 밤에는 사람들이 어디론가 끌려가서 실컷 얻어맞고 돌아왔다. 빨갱이는 몽둥이로 다스려야 한다며 자초지종도 안 들어보고 무차별적으로 폭행을 가했다고 했다. 여자도 예외는 아니었다. 천만다행으로 나는 매를 맞지 않고 풀려날 수 있었다.

황망함이 가시지 않은 채 종로경찰서 문을 나서는데 누군가 내 앞으로 다가왔다. 생모였다. 생모가 경찰서 문 앞에서 기다리고 있었던 것이다. 뜻밖이었다. 게다가 생모는 군복 차림에 지프차까지 대기시켜 놓고 있었다. 그것이 진짜였는지는 아직도 모르겠지만 생모는 당시 여군 문관 배지를 달고 다녔다. 생모는 나를 지프차에 태워 별궁까지 데려다주며 차 안에서 말했다.

"이번에는 다행히 쉽게 풀려나왔지만 이걸로 끝나는 게 아닐 거다. 앞으로도 이것저것 귀찮은 일이 많을 거야. 경찰서뿐만 아니라 정보부 같은 데서도 자꾸만 잡아가서 성가시게 할 것이다. 아니, 이 이력이 아예 앞으로의 네 인생에 치명적인 영향을 줄 수도 있다. 그러니 네 이력을 상쇄할 수 있는 일을 네가 능동적으로 나서서 해야 할 거다. 내가 잘 아는 국군 장교가 마침 평양 위문단을 조직한다고 하니 너는 클래식 음악단을 조직하여 평양에 가도록 해라. 아직은 세상이 소란하니 적극적으로 스스로를 방어해야 살 수 있다는 걸 잊지 마라."

생모는 육군본부 휼병감실 보도과장 이종태 중령을 찾아가라고

┃ 이해경의 생모 김금덕 여사(오른쪽)와 초대 여군부장 김현숙 대령

알려줬다. 나는 그런다고 약속하고 별궁 앞에서 생모와 헤어졌다.

궁에 들어가자 지밀 어머니께서는 내 손을 부여잡고 기뻐하셨다.

"그동안 얼마나 고생했니? 네가 나 때문에 그렇게도 고생하다니. 여기 앉아서 뭐라도 어서 좀 먹어라."

어머니께서는 일하는 사람에게 밥상을 차려 오라고 하셨다. 하지만 배고픈 것은 나중에 해결할 일이고 우선 옷을 모두 벗어 버려야 했다. 경찰서에 있는 사흘 동안 온몸에 이가 옮아 들끓고 있었기 때문이다. 방에 들어가지도 못하고 밖에서 옷을 벗어 불에 태워버리도록 했다. 그리고 목욕까지 마치고 나서야 비로소 방 안에 들어갔다.

때마침 별궁에 와 있던 해청海晴 오빠가 나를 반기며 농담으로 위로해 줬다.

"너는 그래도 나보다 낫구나. 벌써 사상범으로 유치장 구경도 해 보고……."

해청 오빠는 나를 가장 사랑하고 아껴 주던 오빠였다. 여섯 살 때 계동에 양자로 간 그는 나이가 들어서도 매일 지밀 어머니와 내가 살던 궁에 들렀다. 그는 내게 처음 글을 가르쳐 책을 읽게 해주었고 내가 대학에 진학해 공부를 계속할 수 있도록 많은 영향을 준 장본 인이다. 어머니께서도 이 오빠를 각별히 귀여워하셨다. 해청 오빠 는 1948년에 서울대학교 국문과를 졸업하고 이화여고와 숙명여대 교단에 섰다. 그런데 부산 피란 시절 서른두 살의 젊은 나이에 부산 의 신선대에서 수영을 하다가 심장마비로 익사하고 말았다.

국군 위문단으로
평양에서 맞은 1·4후퇴

집에서 조금 안정을 찾은 후 나는 이곳저곳을 뛰어다니며 음악하는 친구들을 모았다. 생모가 만나 보라던 이종태 중령과 또 다른 군인인 이용상 대위도 만났다. 이용상 대위도 6·25전쟁 직후 생모가 소개한 사람이다. 서울 명동에 있던 정훈국 정문에서 처음 그를 만난 기억이 있다. 그런데 웃기는 것은 그때 이 대위가 만나야 할 사람은 내가 아니었다.

당시 육군 대위였던 이용상은 나를 만나 생모의 말을 전했다.

"대전에 계신 김금덕 여사께서 저보고 서울에 올라가거든 제일 먼저 딸을 찾아 생사를 알려달라고 부탁하셨습니다."

하지만 그 생사불명의 딸은 내가 아니었다. 생모가 재혼한 남편의 전 부인의 딸이었다. 그녀는 이화여대에 재학 중이었는데 6·25

| 1967년 12월 말 사이공 주월 한국군 사령부 현관에 선 채명신 사령관, 이용상, 김용휴 부사령관(왼쪽부터)

가 발발하고 소식이 끊겼던 모양이었다. 어찌 되었든 그렇게 나와 이용상 대위가 만났다. 이후 생모는 그를 나의 결혼 상대로 점찍고 나를 계속 설득하였다.

이종태 중령은 국악을 전공한 분으로 나에게 많은 도움을 주셨다. 나도 생모의 말대로 친구 열네 명을 모아 음악단을 조직하여 수복된 평양으로 떠났다. 국군 군복을 입고 'Korea Army Special Service'라고 영어로 적힌 완장을 찼다. 1년도 안 되는 짧은 기간에 인민군과 국군, 양쪽의 군복을 다 입어 본 셈이다. 지금 생각해도 참으로 기가 막힌 일이다.

평양에 가기 위해 미군들을 수송하는 기차를 얻어 탔다. 미군들 틈에 한 칸에 네 명씩 나눠 타게 되었다. 평양까지는 기차로 30시간이 걸렸다. 중간에 빨치산이 출몰해서 운행을 방해했기 때문에 기차는 가다 서고 가다 서고를 반복했다. 그래서 시간이 그렇게 걸린 것이다.

마침내 평양에 도착했다. 우리는 평양에서 조그만 방 두 개를 빌려 살게 되었다. 한 방에는 남자 단원 일곱 명, 다른 방에는 여자 단원 일곱 명씩 좁은 방에서 쪽잠을 자며 음악회를 준비하였다.

그때 그곳에서, 서울에서 만났던 이용상 대위를 다시 만났다. 그는 당시 국방부 정훈국 평양분실 보도과장으로 평양에 파견 나와 있었다. 우리는 음악회를 개최할 수 있도록 극장 알선을 그에게 부탁했다. 그로부터 극장을 구했다는 소식이 오기를 기다리고 있을 때 다시 야단법석이 벌어졌다. 별안간 중공군이 쳐들어온다는 것이었다.

우리를 인솔해 갔던 음악단장 변 대위가 단원을 모두 모아 놓고 어찌할 바를 모르며 다급하게 말했다.

"여기서 모두 해산해야 합니다. 각자 어떤 방법을 택해서라도 서울까지 되돌아가세요. 부디 살아서 서울에서 만납시다."

우리는 모두 어처구니가 없었다. 아무 대책도 세우지 못하고 서로의 얼굴만 멀뚱멀뚱 바라볼 뿐이었다. 그러나 지체할 상황이 아니었다. 평양에 아는 사람이 있거나 어찌어찌하여 남쪽으로 내려오는 자동차 편을 얻어 탈 수 있는 사람들은 하나둘 그 자리를 떠났다. 나도 비행장에 나가면 아는 사람이 있다는 단원 한 사람을 따라서 강 넘어 선교리 비행장까지 갔다. 그곳에는 모두 다 떠나고 유리창 깨진 버스 한 대만 남아 있었다. 아무튼 우리는 서울로 향하는 그 마지막 버스를 간신히 얻어 탈 수 있었다.

대동강을 건너고 얼마 지나지 않아 등 뒤에서 요란한 폭파 소리가 들렸다. 대 공습의 시작을 알리는 소리였다. 버스의 유리창이 몇 군데나 깨져 엄동설한 12월의 매서운 찬바람이 버스 안으로 다 들이닥쳤다. 오들오들 떨면서 30여 시간에 걸친 장거리 여행 끝에 간신히 서울로 돌아왔다.

돌아와 보니 서울은 또다시 들썩이고 있었다. 공산군의 반격에 서울까지 다시 빼앗긴 이른바 1·4후퇴가 시작된 것이다. 서울 시민들은 앞을 다투어 피란길에 나섰다. 6·25 때 미처 피란 가지 못했다가 인민군에게 잡혀 혼이 나고 수복 후에도 부역자로 우리 경찰에 시달린 경험이 있기 때문이다.

어머니와 나에게는 기차표가 한 장씩 나와 있었다. 나는 내 몫의 기차표를 외가 동생에게 쥐어 주며 등을 떠밀었다.

"나는 다른 길을 찾아보겠으니 네가 나 대신 어머니를 모시고 빨리 남쪽으로 내려가거라."

당시 나는 서울에 아는 사람이 많았으니까 어떻게 하든 내려갈 방법을 찾을 것 같았다. 그런데 동생은 충남 서산에서 공부하러 서울에 혼자 올라와 있는 처지였다. 그래서 내가 돕지 않으면 달리 고향에 내려갈 길을 찾을 수 없는 딱한 상황이었다.

어머니와 외가 동생을 기차로 보낸 후 나는 요행히 미 제5공군의 자동차를 얻어 탈 수 있었다. 예전에 찬양대원으로 활동했던 것이 인연이 되었던 것이다. 그들의 행선지는 대구였다. 일단 대구까지 내려간 나는 거기서 당장 밥벌이를 해야 했다. 일자리를 수소문하여 미군 부대 식당에서 여종업원으로 일할 수 있게 되었다. 영어를 잘 못하니까 허드렛일만 할 수 있었다. 그곳에서 피곤함을 조금 회복한 후 다시 길을 떠났다. 차편을 구할 수 없어 거리로 히치하이크에 나섰다. 그렇게라도 해서 가족과 만나기로 한 부산까지 가야 했다. 가방 하나만 달랑 들고 길거리에 서서 지나가는 자동차를 향해 손을 흔들며 태워달라고 부탁해 보았다. 하지만 누구 하나 거들떠보지 않고 매정하게 지나쳐 버렸다. 사방이 어두워진 저녁나절에야 간신히 경산까지 가는 짐마차를 얻어 탈 수 있었다.

경산에 도착하니 한밤중이었다. 하는 수 없이 남의 집 대문을 두드리며 하룻밤 재워달라고 부탁했다. 그렇게 힘들게 찾아 들어간 숙소에서 어떤 젊은 여인을 만났다. 그녀도 부산까지 간다고 했는데 이야기를 나눠 보니 그녀는 이화여대 학생이었다. 우연히 대학 동창을 만나게 되어 반갑기도 했고 큰 위로도 되었다.

다음 날, 그녀와 함께 길을 나섰다. 걸어가다가 때마침 이동 중에 잠시 휴식하고 있는 미군 부대를 만나게 되었다. 그곳에서 서투른 영어에 손짓 발짓까지 섞어 사정을 했다.

"유 고우 부산?"

"오케이."

"아이 고우 부산 투, 유 테이크 미?"

일제강점기에 중고등학교를 다녔던 우리는 영어를 배우지 못했다. 대학교에 들어가서야 조금 배웠지만 회화는 잘 못했던 나는 이런 식으로 대화를 했다. 그러나 다행히 의사소통이 되어 자동차를 얻어 타고 부산까지 갈 수 있었다.

부산에 도착하여 시내를 향해 걸어가는데 앞에서 낯익은 목소리가 들렸다. 반가움에 달려가 보니 이화여대 음대 친구들이었다. 그들은 서울에서 해병대 위문단을 조직하여 배를 타고 부산에 내려왔다고 했다. 나도 그 위문단에 끼어 마산으로 해병대 위문을 다녀왔다.

그 위문단이 해산된 후에야 부모님 소식을 들을 수 있었다. 부모님께서는 부산 서면의 포교당이라는 절에 머물고 계셨다. 부모님을 뵈러 찾아가 보니 상황이 엉망진창이었다. 포교당의 방 세 칸 중 한 칸은 운현궁 식구들이 차지하고 있었고 고종 황제의 후궁인 광화당 할머니들이 한 칸, 나머지 한 칸에서 아버지와 어머니, 영길이네 식구가 함께 머물고 있었다. 가수 이석으로 잘 알려진 영길이는 당시 열 살이었고 그 동생도 세 명이나 되었다. 비좁은 방에서 아버지와 어머니, 영길이 어머니인 홍정순 여사, 영길이네 사남매, 이렇게 일곱 명이 북적거리며 사는 형편이었다. 방 가운데 빨랫줄이 걸려 있던 것도 기억난다.

피란지에서도 후실의 알력 다툼이 계속되는 듯한 느낌이 들었다. 방의 대부분은 아버지와 영길이네 식구가 차지하고 있었다. 지밀 어머니는 그 방 한구석에 휘장을 치고 그 안에 주로 계셨다. 그 모습을 보고는 견딜 수 없어서 무작정 그곳을 뛰쳐나오고 말았다. 어머니께서 뒤따라 나오셔서 나를 붙드셨다.

"애야, 불편하더라도 나랑 함께 지내자."

어머니께서 섭섭하셨겠지만 포교당은 내가 머물 곳이 아니었다.

궁에서 살 때 황실 가족들은 자신의 머리도 스스로 빗지 않았다. 그런 분들이 궁색한 피란살이를 하는 것은 여간 힘든 일이 아니었을 것이다. 그러나 아이러니컬하게도 어머니 의친왕비에게는 부산 피란 시절 고생을 낙으로 삼을 만한 이유가 있었다. 그것은 아버지와 가까이 지낼 수 있다는 것이었다. 그때가 어머니의 결혼 생활을 통틀어 아버지와 가장 오랫동안 함께 지낸 때였을 것이다.

생모와 살면서
미군 부대에서 근무

　그 후 나는 부산 시내를 이리저리 방황하는 '집 없는 천사' 신세가 되었다. 친구 집에서 운영하는 다방에 가서 의자를 붙여 놓고 웅크린 채 새우잠을 자기도 했고 이곳저곳 떠돌아다니기도 했다. 그런 내 소식을 어떻게 들었는지 어느 날 생모가 찾아왔다.

　"부산에서 이렇게 방황하지 말고 나와 함께 대구로 가자."

　생모의 권유에 못 이기는 척 대구로 갔다. 그때 생모가 재혼하여 낳은 동생들을 만났고 내가 미국으로 유학을 떠날 때까지 4년 동안 그들과 함께 살게 되었다.

　훗날 생모가 위독하여 내가 마지막으로 병원에 찾아갔을 때 병문안을 오신 어떤 분이 탄식하셨다.

　"여걸이 또 한 사람 가는구나."

'여걸'이라는 말이 정말 생모에게는 어울리는 말이다. 생모는 해방 후 대전에 정착하여 큰 호텔을 운영하기도 했고 호서대학교도 설립하셨다. 대전에서 동방신문사를 운영하며 문인들과 폭넓게 교

┃ 김금덕 여사(맨오른쪽)와 유엔군 간부들

┃ 군복 차림의 김금덕 여사(앞줄 왼쪽)

류하는 등 활발한 사회 활동을 하셨다. 6·25전쟁 때는 여자 의용군을 창설하셨다. 대한민국 초대 여군 부장으로 육군 대령을 지낸 김현숙 여사와 함께 만든 여성 의용군은 대한민국 여군女軍의 모태가 되었다. 또 비록 당선은 못 되었지만 1대와 2대 국회의원 선거에 출마하는 등 당시 여자로서는 대단히 폭넓은 사회 활동을 하셨다.

국회의원 선거 때는 말을 타고 장터를 돌며 선거 운동을 하셨다고 했다. 그런 모습을 보고 동네 노인들은 욕을 하기도 했다. 하지만 생모는 개의치 않았다.

"내가 지금 이렇게 해야 나중에 여성들이 정계에 진출할 수 있다."

이런 말씀도 했던 걸 보면 생모는 대단한 페미니스트였던 것 같다. 여성 대통령까지 배출할 수 있었던 우리나라의 여권 신장에 나의 생모가 큰 힘을 보탠 게 아닌가도 여겨진다.

생모는 학교 재학 시절 열렬한 문학 소녀였다. 그래서 당시 필명을 떨쳤던 박종화朴鍾和, 변영로卞榮魯, 김팔봉金八峯, 우승규禹昇圭 선생들과도 친하게 지내셨다. 그런데 생모가 그들을 찾아갈 때는 반드시 김이 모락모락 나는 호떡을 싸들고 갔다. 그녀가 들고 간 그 호떡은 '자비 호떡'이라 불렸다고 한다. 당시는 중일전쟁이 한창이던 때라 일제의 공출供出이 심했고 극심한 식량난으로 누구나 배고픈 시절이었다. 그러니 생모의 호떡은 '자비심'의 발로로 여겨졌던 것이다. 나중에는 자비 호떡을 얻어먹지 못한 사람은 문인文人이나 논객論客에 끼지 못한다는 말이 돌 정도였다.

| 김금덕 여사(오른쪽)와 김현숙 대령(중앙)

그런데 나는 생모와 함께 살면서 여러 번 그분을 슬프게 하였다. 거리감도 있었고 만남이 어색한 적도 있었다. 그녀가 여걸이라는 말도 싫었다. 어떤 때는 생모가 나를 낳은 사실 자체를 원망하기도 했다. 언젠가 생모의 친구가 집에 와서 나의 어린 시절 이야기를 한 적이 있었다.

"해경이는 어릴 때부터 재주가 무척 많았지."

그분은 칭찬으로 하신 말씀이었지만 그 소리를 듣고 나도 모르게 불끈 철없는 대꾸를 하고 말았다.

"아무리 재주가 있으면 뭘 해? 그걸 길러 줘야지."

내 말을 들은 생모는 울음을 터뜨렸다. 사실 생모는 나 때문에 기구한 삶을 보낸 셈이다. 그런데 내가 불평불만을 터뜨렸으니 지금 와 생각하면 생모에게 죄송하기 그지없다. 이제는 고인이 되신 생모는 머나먼 하늘나라에서나마 이 못난 여식을 지켜보고 계시리라 믿는다.

대구로 가서 생모와 살게 될 무렵 국군이 반격을 개시했다. 피란 나왔던 정부는 다시 북진을 했고 마침내 서울을 재탈환했다. 생모네 가족은 원래 생활 터전이던 대전으로 옮겨 갔다. 나는 대구에 홀로 남았고 생모는 대전과 대구 사이를 왔다 갔다 했다.

그러던 어느 날, 생모가 나에게 일을 하라며 야단을 쳤다.

"다 자란 계집애가 무슨 일이라도 찾아서 활동을 해야지, 어쩌려고 집에서 빈둥거리고만 있느냐?"

나는 전쟁 통에 고생은 했지만 그때까지 사회 경험이 별로 없었다. 전쟁 전 풍문여고에서 2주일 정도 음악 교사를 한 것이 사회 경험의 전부였다. 그런 나에게 생모가 무심히 하신 그 말씀이 어찌나 섭섭했던지 나는 발딱 일어나 당장 일자리를 구하러 나섰다. 집을 나와 곧바로 미 제5공군 부대에서 일하고 있는 선배 언니를 찾아갔다. 선배 언니에게 일자리를 알아봐 달라고 부탁했고 얼마 후 언니의 소개로 그 부대에서 일하게 되었다. 미군 부대 내 매점인 PX에서 난생 처음 판매원으로 근무하게 된 것이다.

얼마 후 이동하는 미군 부대를 따라 서울로 돌아왔다. 그런데 당시는 서울이 완전히 수복收復된 상태가 아니었다. 그래서 간혹 중공군 비행기가 서울 상공에 날아다니기도 했다. 미군 수송기를 타고 대구에서 서울로 이동할 때도 만일의 사태에 대비하여 낙하산을 매고 비행기에 탑승했다. 난생 처음 걸머진 낙하산이 어찌나 무거웠던지 비틀거릴 정도였다. 곁에 있던 군인들이 부축해 줘서 간신히 비행기에 올랐던 기억이 새삼스레 떠오른다.

비행기에 탑승한 후 미군 장교 한 사람이 우리 앞에서 이렇게 설명했다.

"도중에 적의 비행기와 마주칠지도 모른다. 만약 불행한 사태가 발생하면 비행기 문을 열어 줄 테니 한 사람씩 공중으로 뛰어내려라. 뛰어내린 후 마음속으로 원, 투, 쓰리를 센 후 가슴에 달린 레버를 잡아당겨라."

이 설명을 듣고 공포감에 눈앞이 아찔해졌다. 그러나 그 무서운 전쟁 통에도 죽지 않고 살아남았는데 설마 이제 와서 무슨 일이 있겠냐며 놀란 가슴을 달래고 태연한 척 앉아 있었다.

서울에 도착해 보니 거리는 황량하기 그지없었다. 전쟁 통에 쑥밭이 되어버려 허허벌판이라는 표현이 더 알맞을 것 같았다. 특히 시내 중심부는 공산군과 아군, 쌍방의 폭격과 포격으로 성한 건물이라고는 하나도 찾아볼 수가 없었다.

내가 기억하던 유명한 건물들은 모조리 불타거나 부서져버렸다. 변두리 지역에만 집들이 일부 남아서 시내에 나서면 동쪽 끝에서 서쪽 끝이 휑뎅그렁하게 다 보였다. 군데군데 마련된 파출소에는 순경이 홀로 서 있었지만 길을 나돌아 다니는 사람을 찾아보기 어려울 정도였다. 오히려 미군 부대 주변에서는 사람 구경을 할 수 있었다. 나무판을 누덕누덕 두들겨 붙인 초라한 판잣집이나 벽이 불타버린 빈 집에 종이 포대로 휘장을 치고 장사를 하는 사람들이었다.

서울로 올라온 후에는 부대 근처에 숙소를 마련하고 부대에서 함께 일하는 동료들과 합숙을 했다. 당시 길거리에는 대낮에도 인적이 드물었다. 그래서 겁이 나 부대에서 멀리 외출할 생각은 하지 못했다. 얼마 후에 국군이 서울로 들어왔고 군 관계자들만 어렵사리 '도강증渡江證'을 받아 슬슬 서울로 모여들기 시작했다. 도강증은 서울로 들어오기 위해 한강을 건널 수 있도록 한 특별허가증명이었다.

그 사이에 서툴렀던 내 영어 실력도 조금씩 발전했다. PX에 근무했던 나는 새로운 보직을 받아 도서관으로 자리를 옮겼다. 그 후 미군 제8군 사령부가 서울로 옮겨 오자 사령부의 도서관으로 이동하게 되었다. 이때부터 미국으로 유학차 떠날 때까지 미군 부대의 도서관에서 정식 사서司書로 근무하였다.

대한제국의 상징물

대한제국이 근대 국가로서 그 위상을 확립하는 과정에서 여러 가지 시각적 상징물이 만들어졌다. 이전까지 조선의 외교는 사대교린事大交隣(강한 나라는 받들어 섬기고 이웃 나라와는 대등한 입장에서 사귀어 국가의 안정을 도모한다는 외교 방침)의 입장에서 이루어졌다. 그런데 대한제국은 그런 외교 관계에서 벗어나 세계 여러 나라와 유대를 이뤄야 하는 상황에 이르게 되었다. 그 상황에서 자신의 정체성을 드러내 주는 표식으로서 상징물은 반드시 필요한 것이었다.

대표적인 국가 상징물로는 국기國旗, 우표와 화폐에 삽입된 도안, 군복과 관복, 훈장 등을 들 수 있다. 대한제국에서는 국가의 상징으로 태극과 오얏꽃, 무궁화를 주로 사용하였다. 매나 독수리 문양이 황제의 상징물로 활용되기도 했다. 태극은 전통적인 우주론적 사상을 나타낸 기호이다. 오얏꽃은 왕조의 성씨에서 유래한 것이고 무궁화는 국토의 상징으로 여겨졌다. 매는 서구의 독수리 그림과 결합하여 조선 태조의 용맹성을 나타냈다.

대한제국의 국기였던 태극기가 공식적으로 국기로서 지위를 획득한 때는 1883년 3월 6일이었다. 조선 왕조의 국기였던 것을 대한제국이 계승하여 국기로 사용한 것이다. 이후 대한제국의 관료가 참석하는 외교 행사나 박람회 등에도 태극기가 게양되었다. 또 미국 등에 개설된 공사관 안팎이나 선박에 게양된 태극기는 대한제국을 상징했다.

태극기는 점차 국내 행사에서도 사용되었다. 임금의 행차나 왕실의 행사 때도 국기를 앞세우기 시작했다. 1897년 대한제국 선포식을 위해 고종 황제가 원구단으로 나아갈 때 태극기가 그 행차의 앞에 섰다. 명성황후의 장례 행렬이나 조선 태조의 영정을 옮길 때(1900년)도 태극기가 국기로서 행렬을 이끌었다. 태극기는 곧 민간으로도 보급되었고 1899년에는 소학교의 운동회에 걸릴 정도로 일반화되었다.

대한제국 시기에는 이화 우표와 매 우표가 발행되었다. 이화 우표는 1901년 3월 처음 발행되었다. 이때 발행된 총 14종의 우표는, 태극 문양에 오얏꽃 문양이 더해졌다 하여 이화李花 우표로 불렸다. 1903년 1월에 발행된 매 우표의 도안은 1900년에 제정된 무공훈장 자응장紫鷹章과 1901년에 제작된 독수리 주화의 문양을 결합한 것이다. '자응'은 자줏빛 매를 일컫는 말이다.

1902년에는 우리나라 최초의 기념우표가 발행되었다. 고종 즉위 40주년을 기념한 우표였다. 우표 중앙에는 황제가 착용하는 모자인 통천관이 있고 그 주위를 둘러싼 마름모꼴 네 귀퉁이에 오얏꽃을 그려 넣은 문양으로 도안되었다. 이렇게 대한제국의 우표는 제국의 국체와 황제의 위상을 강조한 디자인으로 만들어졌다.

1905년 4월 한일통신업무 합동조약이 맺어진 후 대한제국은 독자적으로 우정 업무를 할 수 없게 되었다. 이 무렵에 발행된 우표에는 대한제국 황실 문장인 오얏꽃과 일본 황실 문장인 국화가 나란히 배치되어 있다. 두 꽃 사이에는 평화의 상징 비둘기와 꽃가지가 이어져 있어 두 나라를 평화적으로 연결한 것처럼 보인다. 하지만 이 우표에는 당연히 있어야 할 발행국 표기가 없다. 대한제국 우표이지만 그것을 인정하고 싶지 않았던 일본의 침략 야욕이 그대로 드러난 우표라 할 수 있다.

화폐에 오얏꽃 문양이 처음 등장한 것은 1892년이었다. 이후 대한제국의 주화에서도 오얏꽃 문양은 계속 사용되었다. 또 이 무렵 주화에 무궁화 가지 문양도 등장하였다. 주화에 무궁화 문양이 나타난 이래 대한제국 시대의 군복, 훈장, 문관의 대례복 등에도 무궁화 문양이 사용되었다.

그러나 1905년 을사늑약 이후 육군 군복의 단추 등에 있던 무궁화 문양은 모두 오얏꽃으로 바뀌었다. 일본은 국토를 상징하는 무궁화를 사용하도록 놓아두지 않았다. 단, 오얏꽃은 그들이 인정한 '이왕가'의 문장으로서 허용한 것이다. 그렇게 의미가 축소된 오얏꽃은 1910년 한일합방 이후에도 계속 사용되었다. 황제의 상징이던 매 문양은 1900년에서 1903년 사이에만 쓰였다. 이 시기는 고종이 황제권을 강화하던 시기였다.

―목수현 외, 《대한제국》(민속원) 참조

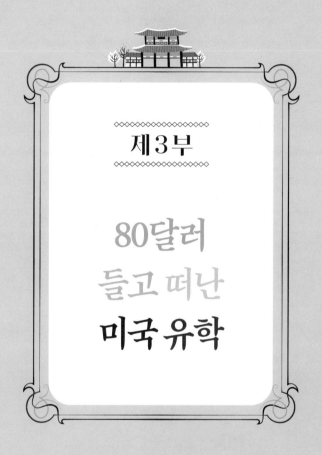

제 3 부

80달러
들고 떠난
미국 유학

우연히 찾아온
미국 유학의 기회

몇 년의 세월이 쏜살같이 흐르고 휴전이 되어 서울 거리도 활기를 되찾았다. 대전에 살던 나의 생모가 서울로 올라와 신당동에 집을 하나 마련했다. 그래서 나는 그 집에서 아버지가 다른 동생들과 함께 살게 되었다.

궁 안 식구들도 서울로 올라와 안국동 별궁에 살게 되었다. 하지만 이미 왕실이 아닌 민간에서 '자유의 맛'을 만끽한 나는 궁으로 돌아가고 싶지 않았다. 궁으로 들어가면 또다시 규제와 속박에 시달릴 것이기 때문이었다. 지밀 어머니께서는 만날 때마다 나를 달래셨다.

"애야, 다시 궁으로 들어오너라. 돌아와 나하고 함께 살자."

어머니께는 정말 죄송했지만 나는 여러 가지 변명을 늘어놓고 궁으로 돌아가지 않았다. 궁에 들어가 사느냐 마느냐가 문제가 아니었다. 궁에 다니러 들어가 한 시간만 앉아 있어도 얼굴이 화끈화끈 달아오르고 머리가 욱신거리며 사람이 갑자기 조그맣게 보이는 신체적 이상 증상까지 나타났다. 그래서 자연히 궁에 방문하는 일조차 뜸해졌다. 그 무렵 나의 유일한 피난처이자 안식처는 미군 부대 안이었다.

언젠가는 생모와 살던 신당동 집 안의 이층 계단에서 굴러떨어져 머리를 다친 적이 있었다. 내가 잠시 딴생각을 하며 한눈을 팔았기 때문이다. 그때 함께 일하던 동료 미군 병사 세 명이 집으로 문병을 왔다. 그중 한 명이 내게 웃으며 말했다.

"나와 결혼하자."

"그게 무슨 뚱딴지 같은 소리냐?"

내가 깜짝 놀라 정색을 하고 반문했다. 그의 대답이 아주 걸작이었다.

"어저께 우리 세 사람이 의논했는데 네가 미국에 가지 못하면 큰일이 날 것 같다고 우리끼리 의견을 모았다. 우리가 보기에는 네가 여기 이대로 머물러 있으면 발광發狂을 하든지 자살을 할 것 같다. 그런데 네가 미국에 갈 수 있는 방법이 달리 없지 않느냐? 우리 가운데 누군가하고 결혼하면 너를 미국으로 데려갈 수 있다. 그래서 우리끼리 제비뽑기를 한 결과 내가 뽑혔다. 네가 만약 나랑 살기 싫다면 같이 살지 않아도 된다. 미국 가서 이혼해 주면 될 것 아니냐?"

농담인지 진담인지 모를 그의 이야기에 일단 우리는 박장대소했다. 하지만 당시의 내 상태가 얼마나 심각했는지를 말해 주는 이야기였다.

"염려마라. 나는 죽지도 미치지도 않을 거다."

나는 이렇게 대꾸했지만 내 행동이 다른 사람들에게 그토록 이상하게 보였나 하는 반성을 했다. 그리고 그 후에는 각별히 조심해서 처신하였다. 하지만 정말 난 미칠 지경이었다. 궁은 감옥과도 같았다. 숨 막히는 궁중 법도는 나를 신경쇠약에 걸리게 했다. 뜻을 펼수 없던 아버지 곁에는 늘 어머니가 아닌 여자들이 있었다. 그 여자들은 자신이 낳은 아이들을 훈장처럼 앞세우고 다녔다. 배다른 형제만도 스물한 명. 그때는 아버지가 싫고, 그의 여자들이 싫고, 감옥 같은 궁중이 싫었다.

사람이 많고 이해관계가 다 다르니 당연히 말이 많을 수밖에 없었다. 말 많은 집안, 불만에만 가득 차 있는 가족들. 그들이 모여 나누는 대화는 한 시간만 듣고 있어도 골치가 아파서 자리를 박차고 나오지 않으면 안 될 정도였다. 그렇다고 뾰족한 해결책도 없었다. 그래서 나는 날마다 도망칠 궁리만 하고 있었다.

간절히 바라면 헤쳐 나갈 길은 언제나 생기게 마련이다. 절망에 빠져 있던 내게 기적 같은 기회가 다가왔다. 1954년 어느 날, 내가 근무하던 사령부의 도서관에 한 미군 병사가 귀국 인사를 하러 왔다가 지나가는 말처럼 물었다.

"나 곧 귀국하게 되었다. 그동안 참 고마웠다. 그런데 당신 혹시 미국 가서 음악 공부를 계속하고 싶은 생각은 없느냐?"

도서관에 자주 와서 레코드를 빌려가던 그 병사는 미국 텍사스에 있는 베일러Baylor 대학에서 성악을 전공한 음악인이었다. 그의 이름은 데이비드 스트릿맨David Streetman 이었는데, 우리나라에서는 미군 학교에서 '음악 감상' 과목 강의를 맡고 있었다. 나와는 평소 좋은 친구로서 격의 없는 대화를 나누는 사이였다.

"유학? 당연히 가고 싶지. 그런데 나는 지금 가족의 도움을 기대할 수 없는 형편이야. 전액 장학금Full Scholarship 을 받을 수 있으면 또 모를까. 지금의 내 형편으로는 미국 유학은 꿈같은 이야기일 뿐이다."

나는 가볍게 대꾸했지만 그는 꽤 심각한 말투로 이야기했다.

"지금은 내가 너한테 무엇도 약속할 수 없어. 하지만 귀국하면 우리 부모님과 의논해서 너를 도울 수 있는 방법을 찾아볼게. 그리고 연락할게."

고맙다고 인사는 했지만 나는 그의 말에 아무런 기대도 하지 않고 그냥 한 귀로 흘려버렸다. 이전에도 그런 식으로 말한 사람이 여럿 있었다. 모두 떠나고 나면 그만이었다. 그런데 그는 달랐다. 정말 다시 소식을 보내온 것이다.

어느 날, 그는 안부 편지와 더불어 자신의 아버지 명의의 재정보증서Affidavit of Support 를 보내 주었다. 그의 아버지 리처드 스트릿맨 Richard Streetman 씨는 텍사스에 있는 작은 침례교회의 목사였다. 그 리처드 스트릿맨 씨가 나의 재정 보증인이 되어 주었다. 그것 말고도 데이비드의 편지에는 엄청난 선물이 실려 있었다.

"텍사스 주에 있는 조그만 침례교 여자대학에서 너에게 전액 장학금을 주겠다고 약속했다."

그렇게 나는 텍사스에 있는 침례교 대학인 메리 하딘 베일러 대학에서 전액 장학금을 받을 수 있게 되었다.

당시 내 재정 보증인이 되어 주셨던 리처드 스트릿맨 씨 부부는 이미 고인故人이 되셨다. 하지만 좌절감에 몸부림치던 나를 구원해 주신 그분들에 대한 은혜는 지금도 가슴 깊이 간직하고 있다. 그리고 지금은 미국의 노스캐롤라이나에 살고 있는 나의 은인 데이비드와는 친한 형제처럼 지내고 있다.

미국에서 궁중 의상을 입고 모임에 나간 이해경

그때 내가 얼마나 좋아했는지 아마 다른 사람들은 상상도 하지 못할 것이다. 마치 하늘을 날아오를 것 같이 내 마음은 들떴다. 나는 그의 호의에 감사하고 또 감사했다. 얼마 후 메리 하딘 베일러 대학으로부터 전액 장학금을 주겠다는 편지를 정식으로 받았다. 나는 곧바로 미국으로 유학 갈 준비를 서둘렀다. 그때 나는 고통스러웠던 인생의 굴레에서 드디어 해방될 수 있다고 생각했다. 고국과 가족을 떠나게 되었지만 섭섭한 마음조차 들지 않았다.

그런데 그때는 유학 수속이 얼마나 힘들었는지 지금은 상상도 할 수 없을 정도였다. 오죽 힘들었으면 신발 세 켤레가 다 닳을 정도로 여기저기 쫓아다녀야 유학 수속을 마치고 이 나라를 떠날 수 있다는 말까지 생겨났겠는가. 그런 어려운 수속을 마치고 유학을 떠날 생각을 한 나는 무슨 배짱이 있었던 걸까? 젊음이 가져다준 용기였을까? 그것도 단돈 80달러를 들고 머나먼 타국 미국까지 갈 생각을 했다니 지금 스스로 생각해 봐도 놀랍기만 하다.

당시는 6·25전쟁이 끝난 지 채 3년밖에 지나지 않았을 때였다. 전쟁으로 전 국토가 폐허가 된 우리나라는 빈곤국 중의 빈곤국이었다. 그런 나라 사정 때문에 외국으로 외화를 많이 가지고 나갈 수 없었다. 정부에서 공식적으로 환전해 주는 돈은 미국 돈 10달러가 고작이었다. 학비는 대학에서 받는 장학금으로 해결한다 해도, 우선 학교까지 가는 데 드는 경비가 문제였다. 비행기를 타고도 사흘 동안이나 여행을 해야 했기 때문이다.

그러나 나는 누구에게도 도와달라는 말을 하기 싫었다. 나 혼자의 힘으로 경비를 마련해 보기로 한 것이다. 누구에게 부탁도 하지 않고 혼자서 천방지축 뛰어다녔다. 그래도 힘들다는 생각이 안 들었다. 그런데 단 한 번 생모에게 아쉬운 소리를 할 일이 생겼다.

그때는 여러 가지 시험을 치러 합격해야 유학을 갈 수 있었다. 외무부, 미국 대사관에서 치른 시험에는 간신히 합격을 했다. 그런데 문교부에서 치른 국사 시험에는 자꾸 떨어졌다. 나는 20대 중반이 되도록 우리나라 역사를 제대로 배운 적이 없었다. 한 번도 배우지 못했던 한국사를 짧은 기간에 모조리 외워서 공부하려니 여간 고역이 아니었다. 당연히 효율도 오르지 않았다.

당시 문교부 장관은 이성균 선생이었는데 그는 나의 생모와 절친한 사이였다.

"어머니, 잘 아신다는 장관님께 어떻게 부탁을 해서라도 국사 시험에 붙게 해주세요."

"얘 좀 봐라. 네가 국사 시험에 자꾸 떨어진다고 내가 어떻게 장관에게 그런 부탁을 한단 말이니? 쓸데없는 소리 하지 말고 그 시간에 공부 더 열심히 해서 시험에 붙을 생각을 해라. 못 붙으면 유학 못 가는 거니 포기를 하든지."

생떼를 쓰는 나에게 생모는 매몰차게 거절하고 이후로 그 문제로는 더 이상 나와 얘기도 하지 않았다. 생모는 유학을 반대했기 때문에 오히려 끝내 시험에 못 붙는 것을 더 바랐을지도 모른다. 나는 어쩔 수 없이 더 공부를 해서 기어이 국사 시험에 합격했다. 미국 유학 허가의 마지막 관문을 돌파한 것이다. 우여곡절 끝에 나 혼자 힘으로 모든 어려움을 극복한 셈이다.

아버지께 끝내 알리지 못한
미국 유학

　미국 유학 준비에 관해서 나는 궁 안의 부모님께는 아예 말씀도 안 드렸다. 당시는 많은 사람이 유학을 간다고 떠벌렸다가 떠나지 못하게 된 경우가 흔했기 때문이다. 만약 가지 못하게 될 경우 실없는 사람이 될 수도 있으니 아예 확실해졌을 때 말씀드리겠다고 생각했다.

　그런데 수속이 어느 정도 진행되고 있을 때 큰일이 생겼다. 갑자기 아버지께서 돌아가신 것이다. 내 자존심을 세우느라 궁 안 부모님께 수속하는 걸 안 알렸는데, 아버지께서 돌아가시자 큰 후회가 몰려왔다. 미국으로 유학을 떠날 예정이라고 말씀드렸다면 아버지께서는 무척 기뻐하셨을 것이다. 당신께서도 일찍이 젊어서 미국 유학을 다녀오셨기 때문에 기꺼이 허락해 주셨을 것이다. 이런 생각을 하면 지금도 가슴이 저미는 것 같다.

당시 나의 생모는 내가 미국 유학 가는 것을 완강하게 반대하였다. 적극적으로 방해하지는 않았지만 조금도 도와주지 않았다. 제풀에 지쳐서 포기하거나 일이 잘 안 풀려 좌절되기를 바라셨던 것 같다.

"용상이 같은 좋은 청년과 결혼이나 할 것이지 유학은 무슨 유학이냐?"

나를 만나기만 하면 생모는 이용상 씨와의 결혼을 종용하였다. 6·25전쟁 때 우연히 만난 이용상 씨와 나는 좋은 친구가 되어 나이든 후까지도 변함없는 친교를 이어 왔다. 그분을 따라다니다가 해장국과 추어탕, 순대 등 어릴 때는 먹어 보지 못한 토속 음식의 맛을 알게 되었다. 또 시인인 그분 덕분에 이름 있는 문인도 많이 알게 되었다.

나는 이용상 씨와 함께 다니는 것이 참 즐거웠다. 그는 굉장히 재미있는 사람이었다. 그의 입담은 둘째가라면 서러울 정도로 뛰어났다. 농담을 해도 그게 농담인지 진담인지 알 수 없을 정도였고 늘 이야깃거리가 풍부하여 같이 있으면 심심하지 않았다.

생모는 나의 의사와는 상관없이 이용상 씨를 아예 사윗감으로 점찍어 두고 있었다. 대전에 있다가 서울로 다닐 때마다 생모는 이용상 씨가 대위로 복무하고 있던 명동의 국방부 정훈국 분실에 자주 들렀다. 그리고 그 근처에 있는 이용상 씨 단골 대폿집과 식당을 찾아다니며 외상값을 갚아 주었다고 한다. 술집 주인에게 당부하는 것도 잊지 않았다.

| 노년의 이해경과 이용상

"앞으로 이 대위에게는 얼마만큼 도가 넘으면 그 이상 술을 주지 마시오. 내가 시켰다는 말은 하지 말고요."

그 사실을 모른 이용상 씨가 왜 술을 더 주지 않느냐고 화를 내고 주정을 부렸다고 한다. 견디다 못한 술집 주인은 어느 날 사정을 털어놨다.

"이 대위님! 대전 아주머니의 정성도 좀 생각하시고 몸조심하세요."

당시 그가 폭음을 일삼은 배경에는 슬픈 가족사가 있었다. 그로부터 몇 년 전 그의 작은형수가 결혼한 지 3개월 만에 자살했다고 한다. 그런데 형수가 죽은 지 사흘 후 형이 자신의 아내가 죽은 이부자리에서 그녀의 유골을 끌어안고 자살한 것이다. 이렇게 끔찍한 참사가 집안에서 연거푸 일어나자 그는 걷잡을 수 없이 자포자기에 빠졌다고 한다.

또 이런 적도 있다. 생모의 가족은 서울 신당동新堂洞 옛 일본인들의 주택가에서 산 적이 있었다. 그 집은 방이 여러 개 있는 2층집이었다. 이용상 씨는 그 집에 칫솔을 두고 다닐 정도로 자주 방문했다. 그땐 나도 그 집에 살지 않았고 커다란 집이 비어 있어서 집도 봐줄 겸 이용상 씨가 그 집에서 숙식을 했던 것이다.

그런데 어느 날 아침 그가 출근을 하려고 군복을 입었는데 군복 바지 양쪽 주머니가 막혀서 손이 들어가지 않더란다. 살펴보니 누군가 재봉틀로 주머니를 막아버린 것이었다.

"대체 누가 이런 장난을 친 거야?"

이용상 씨가 황당해서 소리치자 안방에 있던 생모가 자신이 그랬다며 진지한 표정으로 자초지종을 얘기했단다.

"지금 세계 각처에 흩어져 있는 이씨李氏 왕가王家 후손들이 해경이를 주목하고, 해경이 약혼자가 될 이 대위가 어떤 인물인지 여러 사람이 살펴보고 있어요. 그런데 이 대위는 거리에 다닐 때 군모軍帽도 쓰지 않고 항상 주머니에 손을 넣고 다니잖아요. 무슨 군인이 그 모양이냐며 흉보는 친척이 많아요. 그래서 내가 어젯밤 늦게 대전에서 올라오자마자 이 대위 바지 주머니를 꿰매버린 거요. 앞으론 술도 정도껏 마시도록 해요."

평소 남에게 간섭받는 것을 아주 질색하던 그였지만 생모의 그런 잔소리나 설교는 언제나 순순히 받아들였다. 생모가 자신을 무척 아낀다는 것을 잘 알고 있었기 때문이다.

내가 미국 유학을 준비하고 있을 때 생모는 이용상 씨를 불렀다.

"해경이가 미국에 갈 결심인 모양인데 이 대위가 어떻게든 말려 봐요. 결혼을 서둘러서라도 미국에 못 가게 하란 말이요. 내 말은 안 들어도 이 대위 말이라면 들을 거요."

그때 생모의 표정에 대해서는 나중에 이용상 씨가 내게 자세히 얘기해 주었다.

"해경이가 미국 가는 것을 말려 보라는 김 여사님의 눈빛에는 깊은 슬픔과 애수가 가득 차 있었어. 세 살짜리 딸을 궁에 빼앗겼다가 20년이 지나서야 겨우 함께 살게 되었는데 다시 또 긴 이별을 해야 한다니 얼마나 슬프셨겠어? 난 그때의 그 애처로운 눈빛을 영원히 잊지 못할 거야. 물론 해경이도 슬펐겠지만……."

하지만 나의 영혼은 그때 이미 먼 창공을 날아 태평양을 넘나들고 있었다. 결혼이건 취직이건 또다시 나의 자유를 구속하는 생활로 돌아갈 생각은 꿈도 꾸지 않았다.

생모의 채근에도 불구하고 이용상 씨와 내가 결혼에 이르지 못한 가장 큰 이유는 나의 상황이 여의치 못했기 때문이다. 피란 시절 나는 여자의 몸으로 황실인 집안을 이끌어 가야 하는 처지였다. 또 전쟁이 끝난 후 아버지 의친왕께서 돌아가셨고 그 후 나는 심한 좌절에 빠져 있었다. 이용상 씨가 나를 좋아한다는 것은 알고 있었지만 그것을 받아들일 만한 마음의 여유가 내게 없었던 것이다.

이용상 씨도 나와 마찬가지로 결혼할 처지가 아니었다.

"우리 해경이와 알고 지낸 지 벌써 3년이 되었는데, 이 대위는 결혼 상대로서 해경이를 어떻게 생각하는가?"

생모로부터 이런 제의도 받았지만 당시 그는 나와의 결혼을 적극적으로 서두를 수 없었다. 나중에 들은 이야기지만 작은형의 죽음으로 받은 충격이 무겁게 가슴을 짓누르고 있었기 때문이다.

그분은 다른 사람들에게 나를 소개할 때 "내 동생입니다"라고 말했다. 나 역시 그분을 오빠처럼 허물없이 대했다. 이성 사이에서 느낀다는 야릇한 감정은 가져보지 못한 것 같다. 그래서 우리의 친교가 오랫동안 계속 유지되었던 게 아닐까? 이용상 씨는 내가 미국에 가기 전인 1955년에 좋은 배필을 만나 결혼하였다. 그 부인인 옥자玉子는 나의 경기여고, 이화여대 1년 선배로, 지금은 이미 저세상으로 가버린 내 친구이다.

생모는 내가 미국 가는 비행기 표를 살 돈이 없어서 쩔쩔매는 것도 모른 척했다. 가지 못하게 하려고 일부러 그러신 것이다. 나는 하는 수 없이 내가 쓰던 피아노를 팔았다. 그 피아노는 지밀 어머니께서 나의 혼수라고 아껴 둔 장롱을 팔아서 어렵게 사주신 것이다. 내 어린 시절의 추억이 서린 피아노였지만 어쩔 수 없었다.

뒤늦게 그 사실을 알게 된 생모는 불같이 화를 내며 꾸중을 했다.

"내 허락도 없이 그 귀중한 피아노를 왜 네 마음대로 팔았느냐?"

"그 피아노는 어머니가 사주신 게 아니에요. 지밀 어머니가 사주신 내 피아노지요. 내 물건을 내 마음대로 못 팔 이유가 무엇이지요?"

생모가 너무나 야속하여 나도 지지 않고 대들었다. 그 말을 듣고

이해경과 이용상

생모는 아무 말 없이 방을 나가버리셨다.

그 아까운 피아노를 처분했지만 비행기 표를 사고 나니 남는 돈이 거의 없었다. 당시 내가 몸담았던 미8군 사령부 도서관에서 함께 근무하던 미군 사병들이 전별금餞別金으로 걷은 70달러와 법무부에서 공식적으로 환전해 준 10달러, 합해

비행기 조종석에 앉아 있는 이해경. 미국으로 갈 때 김포공항에서 CAT라는 중국 비행기를 타고 도쿄로 가서 팬암 비행기로 갈아탔다. 도쿄까지 가는 비행기 안에서 미국 기자의 부탁으로 스튜어디스가 비행기 구경을 시켜주었다.

서 80달러를 들고 미국행 비행기를 탔다. 그나마 70달러는 옷 속 깊숙이 감출 수밖에 없었다. 앞서 말했듯이 당시에는 출국할 때 가지고 나갈 수 있는 달러를 10달러로 제한했기 때문이다.

한국을 떠나기 전 나는 안국동 별궁으로 가서 지밀 어머니를 뵙고 인사를 드렸다. 또 윤 대비尹大妃 마마께도 인사를 드리러 갔다. 윤 대비 마마는 대한제국의 마지막 황제이신 순종의 황후, 바로 순정효황후純貞孝皇后이시다.

윤 대비 마마께서는 해방 직후에는 창덕궁 낙선재樂善齋에서 사셨고, 생활비는 나라에서 지급되었다. 그런데 6·25전쟁 때 낙선재를 떠나 부산 구포龜浦로 피란 가셨다가 9·28수복 때 서울로 돌아왔지만 낙선재로 다시 가시지는 못했다. 정부에서 윤 대비 마마께서 낙선재로 들어가시는 것을 허가하지 않았기 때문이다. 대신 정릉동貞陵洞에 있는 별장 인수재에서 사시도록 하였다. 왕조가 폐지되었으니 국가 재산인 궁궐에서 사는 사람이 없도록 하겠다는 조치였다.

당시 윤 대비 마마께서는 정릉에 있는 조그마한 집 한 채에서 불편한 생활을 하고 계셨다. 윤 대비 마마께서는 하직 인사를 하러 간 나를 물끄러미 쳐다보시며 말씀하셨다.

"미국으로 공부하러 간다고? 이제 살아서는 너를 다시 못 보겠구나!"

"아닙니다. 4년만 공부하고 반드시 돌아오겠습니다."

나는 그때 다시는 이 나라에 돌아오지 않겠다고 마음먹고 있었다.

하지만 윤 대비 마마께서 섭섭해하시는 바람에 헛된 약속을 하고 말았다. 윤 대비 마마는 1966년 2월 3일 72세의 일기로 별세하셨다. 대비 마마의 말씀대로 나는 살아생전에 그분을 다시 뵙지 못했다.

그때까지만 해도 우리 왕가에 어른이 몇 분 살아계셨다. 흥선대원군의 큰며느님인 운현궁雲峴宮 할머니 흥친왕비興親王妃와 그의 며느님인 영선군永宣君 군부인郡夫人 아주머니, 이우 공 비李鍝公妃, 고종 황제의 마지막 후궁들인 광화당光華堂, 삼축당三祝堂 할머니들이 계셨다. 나는 그분들께도 마지막으로 문안을 드렸다.

이우 공은 나의 둘째 오빠이다. 여섯 살 때 할아버지 고종 황제의 손에 이끌려 운현궁으로 가서 영선군 이준용 공의 양자가 되었다고 한다. 나의 증조할아버지이신 흥선대원군은 아드님을 세 분 두셨다. 그중 차남이 고종 황제이고 장남이 흥친왕이었고, 흥친왕의 장남이 영선군이었다. 이우 공이 영선군의 양자가 된 것은 고종 황제의 뜻이었다고《조선왕조실록》에 실려 있다.

> 이준李埈(이준용 공의 개명한 이름) 공이 대를 이을 아들이 없었다. 그래서 덕수궁에서 친족회의를 열고 이강李堈 공의 둘째 아들 이우를 대를 이을 자식으로 삼았다. 태왕(고종) 전하의 뜻을 받든 것이다.
> —《순종 실록 부록》, 1917년 3월 23일

그런데 이우 오빠는 열한 살 때 강제로 일본으로 끌려갔다. 일본 학교에서 교육을 받았고 심지어는 일본육군사관학교에 보내졌다.

마지막에는 일본 장교로서 히로시마에 파견되었다가 그곳에서 원자 폭탄의 희생양이 되고 말았다.

▌ 운현궁에 입양된 이우 공의 금관조복 차림

▌ 군복 입은 둘째 오빠 이우 공

자유롭고 행복했던
미국의 대학생 시절

1956년 9월 2일, 혈혈단신으로 한국을 떠난 지 사흘 만에 나는 미국 댈러스 텍사스에 도착했다. 그곳 공항에는 나의 보증인인 리처드 스트릿맨 목사님이 마중 나와 계셨다. 목사님 내외분의 따뜻한 마중과 안내 덕분에 내가 다닐 학교로 무사히 갈 수 있었다.

나는 미국에 온 이후 가족과 연락을 끊어버렸다. 미국 주소도 안 가르쳐 줬고 편지도 안 했다. 어쩌다 인편에 연락이 와도 답장도 안 했다. 어찌 보면 미국에 올 수 있었던 덕분에 내가 이제까지 온전하게 산 것 같다. 만일 그대로 한국에 남아 있었다면 자살을 했든지 미쳤든지 아니면 타락을 해서 몹쓸 사람이 됐을지도 모른다.

미국에 있을 때 가장 그리웠던 사람은 어머니 의친왕비였다. 언젠가 김동환 신부님이란 분이 뉴욕에 방문하신 적이 있었다. 그분은

고 김수환 추기경님의 형님이셨다. 그분을 뵙고 나는 모아 놓은 돈 50달러를 어머니께 전해달라고 부탁했다. 어머니께서 그 돈을 받고 무척 좋아하셨다는 소식은 나중에 들었다. 어머니께서는 그 돈으로 1963년 한국을 처음 찾은 이방자 여사를 만날 때 입을 한복을 지으셨다고 했다.

미국에서의 내 생활은 정말 행복한 나날이었다. 남의 눈치를 일절 볼 필요가 없었고, 내 할 일만 묵묵히 하면 되었다. 그 누구도 나를 간섭하지 않는 자유로운 생활이었다. 한국에서 누려 보지 못한 자유를 만끽한 나에게 미국은 전 세계에서 자유와 평등이 가장 잘 실현되는 완벽한 나라로 보였다.

그러던 어느 날, 놀라운 발견을 하게 되었다. 버스 정류장이나 식당에 가면 '컬러Color'라고 쓰인 의자가 따로 있는 것이었다. 무슨 뜻이냐고 주변 사람들에게 물어봤더니 '유색인 전용'의 뜻으로 흑인들이 사용하는 의자라고 설명해 주었다. 흑인들은 절대로 다른 좌석에 앉을 수 없다는 것이다. 그제야 나는 세상만사가 모순투성이이고 미국 역시 완벽한 평등 사회가 아니라는 인식을 새로 하게 되었다. 그 건에 대해 어느 미국인 목사님에게 따져 물어서 그를 당황하게 한 적도 있다.

"이렇게 차별을 하면서 미국이 자유와 평등을 역설할 수 있느냐? 이러고도 당신들이 박애를 주장하는 기독교인이라는 말이냐?"

하지만 나도 미국 생활에 적응해 가면서 그 사회에 맞는, 약간은 이기적인 생활 철학 내지는 신조를 갖게 되었다.

'남의 일에 옳고 그름을 가리지 말고, 남에게 폐를 끼치지 않는 범위 내에서 나 자신의 자유를 누려야겠다. 또 모든 일에 허황된 기대를 버리고 남을 의지하지 말자.'

나의 이런 결심은 이역만리 미국 땅에서 스스로를 지키려는 생존 본능에서 우러나온 것이었다. 다행스럽게 미국은 이런 결심을 지켜 나갈 수 있는 나라였다.

그 결심 덕분인지 어느 순간부터는 혼자 살아도 아무런 외로움도 느낄 수 없었다. 그런대로 마음의 평정을 찾아 그 땅의 관습에 익숙해지기 시작했다. 물론 그것이 말처럼 쉬운 일은 아니었다. 어찌 보면 나는 몇십 년이 지난 지금도 미국 생활에 적응하기 위한 외로운 노력을 계속하고 있다고 할 수 있다.

미국에 도착한 후 나는 이상한 책임감을 느끼게 되었다. 모든 것이 생소한 타국에 가니 마음가짐이 달라진 것이다. 우선 나는 타국에 와 있음을 뼈저리게 실감했다. 당시만 해도 미국 사람들은 한국이 어디에 붙어 있는 나라인지도 몰랐다. 그나마 6·25전쟁 때 미국이 참전했던 덕분에 한국에 대해 안다는 사람이 몇 명 있었을 뿐이다. 그도 아니면 한국은 나라 이름조차 들어 본 적이 없는 동양의 조그만 나라에 지나지 않았다. 그 미지의 나라에서 왔다는 여자를 동물원 원숭이 보듯 구경 나온 90대 할머니도 있었다.

불현듯 나 자신이 나라를 대표하는 외교관인양 사명감이 느껴졌다. 열심히 공부하고 남에게 손가락질 받을 일이 없게 하겠다는 각오를 새롭게 했다. 그러나 각오만 한다고 모든 일이 해결되는 것은 아니었다. 영어가 서툴렀던 나는 학과 공부를 따라가기 매우 힘들었다. 그래도 밤낮을 잊은 채 열심히 공부하고 성실한 삶을 살았다. '나중에 유학 오는 후배들을 위해서라도 길을 잘 닦아 놓아야겠다' 라는 생각에서였다.

당시 나는 그곳에서 만난 세 명의 한국 유학생과 친해져 함께 다니게 되었다. 그들과 함께여서 재미있는 학창 시절을 보낼 수 있었던 것 같다. 그들과는 오래도록 따뜻한 친교를 지속하였다.

귀국과 성악의
꿈을 접다

한국을 떠나 어설픈 미국 유학 생활을 시작한 지 3년 후 무사히 대학을 졸업했다. 성악 공부를 계속하고 싶었던 나는 뉴욕으로 옮겨 갔다. 그러나 뉴욕 생활은 더 만만치 않았다. 텍사스와 달리 뉴욕은 엄청나게 큰 국제 도시였다. 거기서 세계 각국에서 모여든 사람들과 경쟁하면서 공부한다는 것이 얼마나 힘든 일인지 뼈저리게 느끼게 되었다.

뉴욕에 도착한 나에게는 아무런 희망도 가질 수 없는 참담한 생활이 기다리고 있었다. 우선 나는 생활비를 벌기 위해 취직을 해야 했다. 하지만 학생 비자로는 정식 일자리를 구할 수 없었다. 내가 구할 수 있는 일자리는 식당의 웨이트리스 같은 단순 노동밖에 없었다. 하지만 이국땅인 미국에서 살아가려면 궂은일이라고 마다할 수

▎ 메리 하딘 베일러 여대 다닐 때의 이해경(오른쪽에서 첫 번째)

없었다. 어쩔 수 없이 뉴욕의 한 식당에서 일자리를 구했다. 당연히 일이 너무 고되고 힘들었다. 저녁에 집에 돌아오면 아무것도 못하고 침대로 기어들어 잠자는 것이 일상이 되었다.

물론 그때의 유학생은 웬만하면 다 어려운 삶을 살았다. 전쟁을 막 끝낸 고국에서는 국가 재건을 위해 외화를 최대한 절약해야 했다. 그래서 유학생 한 사람 앞에 100달러 정도만 송금하도록 했다. 인편을 통해서 돈을 받을 수 있는 몇몇 특별한 사람 외에는 모두 학비를 벌기 위해 방과 후에 일을 해야 했다. 대부분의 유학생이 학기 중에는 학교 근처에서, 방학 중에는 휴양지에서 아르바이트를 했다. 음악을 전공한 사람의 경우, 일자리를 얻는 게 더욱 힘들었다. 특별한 기술이나 재주가 없으면 일자리를 얻는 것은 하늘의 별 따기였고 그나마 이것저것 따지지 않아야 돈을 벌 수 있었다.

그러다가 얼마 후 소프라노 성악가인 김복희 선배의 도움을 받게 되었다. 김복희 선배와 나는 이화여대 선후배 사이이며 소프라노 김자경 선생의 제자이기도 했다. 선배의 친절한 배려로 일본 백화점의

┃ 은사인 김자경 선생(오른쪽)과 함께 한 이해경

┃ 인터콘티넨탈 호텔에서 열린 이해경 회갑연에 참석한 김자경 선생(앞줄 왼쪽에서 두 번째)과 친지들

지점장 비서로 취직하게 되었다. 일은 조금 쉬워졌지만 내가 꿈꿨던 화려한 성악가의 삶은 꿈속에서나 그려 볼 수 있는 '머나먼 길'이 되고 말았다. 내 청춘의 꿈을 이루기 위한 뜨거운 향학열은 아스라이 지평선 너머로 사라졌고 헛되이 세월만 흘러갔다.

그 무렵 내가 가장 사랑하고 존경했던 지밀 어머니 의친왕비께서 돌아가셨다. 지밀 어머니께서 돌아가신 후 고국에 의지할 곳이 없다고 생각한 나는 귀국의 꿈을 영원히 접고 말았다. 그때가 1964년이었다.

지밀 어머니께서 돌아가셨다는 소식을 듣고 나는 슬픔으로 몸을 가누지 못할 정도가 되었다. 생전에 그분께서 나에게 베풀어 주신 뜨거운 정에 제대로 보답하지 못했다는 죄송스러움에 마음이 아팠다. 지밀 어머니 의친왕비에 대한 그리움과 함께 조국에 대한 향수가 가슴에 밀물처럼 밀려왔다. 그동안은 미국 생활이 너무도 바쁘고 고달파 다른 일에 눈 돌릴 틈이 없었다. 어쩌면 미국 생활에서 내가 누구인지도 잊어버린, 주체성 없는 삶을 살았는지도 모르겠다. 또 그동안 나 자신만을 위해 이기적으로 살았다는 자책감도 들었다.

그때 어머니의 마지막 길을 지키기 위해, 또 밀려드는 조국에 대한 그리움을 달래기 위해 귀국을 하고 싶었다. 미치도록 한국에 돌아오고 싶었지만 그렇게 할 수 없었다. 불법 체류자 신세였기 때문이다. 그 상태로 미국을 떠나면 다시 미국 비자를 받기 어려울 것이었다. 또 지밀 어머니도 돌아가신 마당에 한국에는 내가 기댈 곳이 없었다. 그러니 가슴 아프지만 미국에 그대로 머물 수밖에 없었다.

학생 비자를 받고 미국에 간 나는 대학교를 졸업한 후 한동안 불법 체류자로 살았다. 불법 체류자로서의 삶은 불안하고 고달팠다. 우선 제대로 된 직장을 얻을 수 없었다. 나는 누구 하나 따뜻하게 반겨 주지 않는 미국 땅에서 홀로 살아남기 위해 여러 가지 허드렛일을 전전하며 버텨냈다.

한때 뉴욕에서 김치 장사를 했던 기억도 있다. 6·25전쟁 전 미국에 온 유명한 음악가 한 분이 있었다. 남편은 뉴욕에 있는 VOA Voice of America(미국의 소리) 방송국에서 일을 했고 그 부인이 김치 장사를 하고 있었다. 그런데 VOA 방송국이 워싱턴DC로 자리를 옮기면서 그 부인은 김치 장사를 그만두게 되었다. 김치를 공급받던 중국과 일본 상점에서 김치를 공급할 다른 사람을 소개해달라고 하자, 그 부인은 김복희 선배에게 사업을 넘겨주었다. 김복희 선배는 1957년 여름방학에 뉴욕에 간 나에게 돈 좀 벌라고 그 일을 하게 해 주었다. 그리고 김치 담는 법을 가르쳐 주고 그 외 모든 것을 도와주었다.

유치원 보모로 일하던 1969년, 나는 다행히 영주권을 얻을 수 있었다. 그때 린든 존슨 대통령이 외국인이라도 대졸 이상의 학력이면 영주권을 신청할 수 있는 법을 통과시켰다. 나도 그 특별법의 혜택을 받을 수 있게 된 것이다.

당시 한국의 대학 교육은 하도 엉터리라 미국에 간 후 2년 정도는 학부를 더 다녀야 했다. 나는 성악을 전공하고 학교를 3년 더 다녔다. 내가 미국에서 하려고 했던 음악 공부는 학위를 얻어서 음악이론의 전문가가 되는 것이 아니었다. 그 힘든 삶 속에서도 훌륭한 성악가가 되겠다는 꿈을 키웠던 것이다. 그 꿈을 이루기 위해 뉴욕으로 옮겨 간 초기에는 여러 선생님으로부터 개인 레슨을 받기도 했다. 하지만 하루 종일 힘든 일을 하고 나서 물젖은 솜같이 피곤한 몸으로 성악 연습을 계속하는 것은 무리였다. 어느 순간 나는 그것이 대단히 어렵고 비현실적이라는 사실을 깨달았다. 그래서 성악가로 성공해 보겠다는 희망의 나래도 조용히 접었다.

1973년 뉴욕의 카네기 리사이트 홀 독창회가 성악가 이해경의 마지막 활동이었다. 이 홀은 사람들에게 잘 알려진 카네기 홀 바로 옆에 있는 조그만 공연장이었다. 대관료만 내면 누구나 공연을 할 수 있었다. 카네기 홀에서 공연했다는 한국 사람의 대부분은 거기서 발표회를 한 것이다. 나의 경우 아무리 해도 세계적인 성악가가 될 것 같지는 않았지만 일단 성악 공부를 했으니 발표나 한번 하고

| 1973년 미국 카네기 홀에서 열렸던 이해경 독창회의 팸플릿. 이때 피아노 반주는 연인이던 데이비드 샤피로가 맡았다.

| 은사 이은선 선생의 추모 음악회에서의 이해경

그만두자는 생각으로 그 무대를 만든 것이다.

영주권을 얻은 후 불법 체류자 신세를 벗어난 나는 뉴욕의 컬럼비아대학교 동양학 사서로 취직하였다. 미국으로 가기 전 미군 부대에서 잠시 도서관 사서로 일한 경험이 큰 도움이 되었다. 앞서 이야기한 것처럼 나는 미국 유학을 허락받기 위해 문교부에서 치른 국사 시험에 번번이 떨어질 정도로 우리 역사 실력이 부족했다. 그런데 내가 이국땅인 미국에서 해묵은 우리나라의 역사책을 뒤적이며 분류하게 되리라고 누가 상상이나 했을까? 이것이야말로 숙명이 아니고 무엇이겠는가?

19년 만의 귀국과
엄청난 실망

1975년 나의 생모인 김금덕 여사가 위독하다는 전갈이 왔다. 심지어 나를 애타게 찾으신다고 했다. 그 소식을 듣고 떠난 지 19년 만에 다시 고국 땅을 밟았다. 절대로 돌아오지 않겠다며 떠났던 곳이다. 그래도 돌아오는 비행기 안에서는 기대와 그리움으로 마음이 설렐 정도였다.

서울은 1956년 내가 고국을 떠날 때와는 정말 많이 달라져 있었다. 30년 가깝게 살았고 학교도 다녔건만 서울의 거리는 어디가 어딘지 알아볼 수 없을 정도로 변해 있었다. 나는 처음 서울 구경하는 시골 사람처럼 동생 재희의 손을 꼭 붙들고 다녀야 했다. 재희는 어머니가 재혼하여 얻은 딸로 내게는 이부異父 동생이다.

귀국한 지 얼마 되지 않아 사동궁의 다른 형제들과 부모님 묘소

| 동생 윤재희(왼쪽)와 이해경

에 성묘를 갔다. 당시 아버지 의친왕의 묘소는 서삼릉西三陵에 있었다. 내가 미국으로 떠나기 전 아버지의 장례를 치를 때는 아버지를 양주 화양리(지금의 광진구 화양동)에 모셨다. 아버지께서는 6·25전쟁이 끝나고 혼란한 시기에 돌아가셨다. 그래서 왕족 신분이었지만 화양리 사유지에 가매장의 형태로 모신 것이다. 그나마 그 묘소의 땅이 다른 사람의 손에 넘어가면서 서삼릉으로 이장되는 비운을 겪으셨다. 장 귀인 할머니와 함께 서삼릉에 모셔질 때도 가매장의 형식이었다. 그러니 아버지는 두 번이나 가매장되신 것이다.

　서삼릉의 아버지 묘소를 가본 나는 깜짝 놀랐다. 묘역이 너무도 삭막하고 초라했기 때문이다. 물론 겨울이라 묘소 주변이 더욱 삭막하게 느껴졌을 수도 있다. 하지만 스산하기까지 한 서삼릉의 풍경은

│ 철조망이 둘러쳐진 서삼릉 입구

│ 가축 분뇨의 독성으로 말라버린 서삼릉 묘역의 노송들

내 마음을 무겁게 짓누르고 아프게 했다.

당시 묘소에는 봉분 두 기가 나란히 자리하고 있었다. 오른쪽은
아버지 의친왕의 묘였고 왼쪽은 장 귀인 할머니의 묘였다. 두 분의

묘 사이에 '장 귀인張貴人'이라는 커다란 비석이 있었고 왼쪽 묘 앞에만 상석이 하나 있었다. 석등石燈은 세 동강으로 부러져 땅에 뒹굴고 있었고 아버지 묘 앞에는 아무런 표식도 없었다. 그 묘가 의친왕의 묘라고 알려 주지 않으면 누구의 묘인지 알아볼 수 없을 정도였다. 아무리 가매장이라고 하지만 모자母子의 묘를 부부夫婦처럼 나란히 모신 것도 도무지 이해되지 않았다.

❘ 깨진 채 방치된 어느 공주의 비석이 서삼릉 묘역의 훼손 정도를 말해주고 있다.

아버지보다 10년 더 살고 돌아가신 어머니 의친왕비는 금곡릉이라고도 하는 남양주의 홍유릉 권역 밖(지금의 외재실 부근)에 홀로 묻히셨다. 평생 아버지와 함께 지내신 날보다 홀로 계셨던 적이 많았던 어머니는 돌아가신 후에도 아버지와 함께 계시지 못하게 된 것이다. 그나마 그때는 어머니 산소에는 가보지도 못했다.

서삼릉에 다녀와서는 비분悲憤의 눈물을 억제할 수 없었다.

'아무리 망한 나라의 황자라지만 어떻게 이런 푸대접을 받을 수 있을까? 그 말 많고 격식만 따지던 종친들은 무엇을 하고 있었을까? 하긴 19년 전 나는 이런 비참한 꼴을 보지 않겠다고 비겁하게 도망쳤던 것 아닌가? 그리고 다시는 돌아오지 않겠다고 결심했던 것 아닌가? 그런데 내가 왜 다시 이 나라에 와서 이런 꼴을 보고 있는 걸까?'

마음에 후회가 가득 찼다. 어디에도 하소연할 수 없는 우리 가족의 처지가 너무도 한스러웠다. 나는 더 이상 이 나라에 머물러 있기도 싫었다. 그래서 미국 직장 일을 핑계 대고 서둘러 미국행 비행기를 타버렸다. 병원에 누워계신 생모께는 마지막 인사도 하지 못했다. 생모의 건강을 걱정한 담당 의사가 그냥 조용히 떠나는 것이 나을 거라며 충고했기 때문이다.

한 달 뒤 생모가 돌아가셨다는 소식을 들었다. 그때 생모 곁에 더 머물거나 임종을 지키지 못한 것은 지금까지도 후회가 된다. 생모는 1975년 고려병원에서 세상을 뜨셨다. 그런데 병원으로 옮겨지기 얼마 전, 집으로 이용상 씨를 불렀다고 한다. 생모는 돌아가실 때까지 이용상 씨와 나와의 인연이 맺어지길 바라셨던 것 같다. 그때 생모는 자리에 누운 채 이용상 씨의 손을 어루만지며 눈물 고인 눈빛으로 이런 말씀을 하셨다고 한다.

"당신은 해경이가 미국에 못 가게 말릴 수 있었는데……. 꼭 짝을 지어 주려고 했는데……."

부축을 받아 간신히 몸을 일으킨 생모는 무릎걸음으로 장롱 앞에 다가가 장롱 문을 열고 숨겨놓은 보물단지 찾듯 무엇을 열심히 찾더란다. 한참 만에 생모가 꺼내놓은 것은 붉은 중국 비단으로 촘촘히 만 보따리 하나였다.

"이 서방! 이것은 해경이의 왕가 혼례복婚禮服이요. 중국 옥 단추가 달린 중국 비단인데 몇십 년이 지났는데도 아직 말짱해요. 의친왕비께서 우리 해경이 시집보낼 때 입히라고 만들어 주신 것인데……."

예전에는 이용상 씨에게 늘 '이 대위'라고 부르셨던 생모는 그날 '당신', '이 서방' 등 여러 호칭을 섞어서 말씀하셨다고 한다. 마음이 그만큼 조급했던 것은 아닐까. 가쁜 숨을 몰아쉬며 탄식하던 생모는 다시 말을 이었다.

"내가 죽으면 사람들은 이 예복의 내력도 모를 것이고 안다고 해도 쓸데도 없을 것이니 이 서방 집에 갖다 둬요. 옥자더러 잘 간수하라고 해요."

이용상 씨와 그의 아내 옥자는 생모가 말한 대로 그 혼례복을 장롱 깊숙이 잘 보관했다가 1985년 귀국했을 때 내게 전해 주었다. 나는 그 옷들을 고이 간직하다가 최근 모교인 경기여고에 모두 기증했다.

▎이해경과 생모 김금덕 여사

▎1975년 우이동에서 이해경과 이용상

30여 년의 염원 끝에 이룬
부모님의 합장

내가 가진 회한은 생모의 임종을 지키지 못한 것만이 아니다. 미국에 있으면서 늘 내 마음에 걸렸던 일은 어머니 의친왕비께 효도를 못한 것이다. 그분의 일생은 인고忍苦의 세월이었다. 조선 왕조의 마지막 왕비로, 참기 어려운 모든 고통을 겪으시며 한 많은 세상을 살다 가셨다. 그분은 세 살 때 나를 궁으로 데려다가 친자식처럼 따뜻하게 길러 주신 분이다. 그러니 나에게는 생모 이상으로 감사하고 소중한 분이다.

영친왕비인 이방자 여사께서 살아계실 때 미국을 방문하신 적이 있다. 그분은 내게는 숙모叔母가 되시는 분이다. 나는 영친왕비께 서삼릉의 참상과 부모님이 따로 묻혀계시는 사정을 말씀드리며 합장에 대해 의논을 드렸다.

"아버지를 어머니께서 누워계신 금곡릉으로 옮겨 두 분을 합장해

드렸으면 좋겠습니다."

"나 역시 형님(의친왕비)께 죄송한 마음을 가지고 있다. 그러니 힘껏 노력해 보마."

▎미국 플로리다를 함께 여행 중인 이해경과 영친왕비

그런 의논만 있었을 뿐 일의 진척은 없었다. 고달픈 미국 생활에 쫓기다 보니 또다시 10년이란 세월이 흘러갔다. 1985년에 나는 두 번째 귀국을 하게 되었다. 은사이신 이인선李寅善 선생님의 추모 음악회에 참석하기 위해서였다.

그때 영친왕비께 문안드리러 가서 그간의 이야기를 듣게 되었다. 그 자리에 배석해 있던 영친왕비의 비서관 이공재李公宰 씨가 관련 서류 일체를 보여 주며 일의 진척 상황을 이야기했다. 이공재 씨는 예전에 전주 이씨 대동종약원 사무총장을 지낸 분이기도 하다.

"문화재관리국에서 의친왕 묘소 이전 허가를 했습니다. 예산도 배정되었지만 복잡한 사정이 생겨서 아직 보류하고 있었습니다. 아무리 왕족이라지만 자제분들이 조금이라도 비용을 내놓고 이장을 해달라고 하셔야죠. 그래도 그 많은 자제분 중에 따님 한 분이라도 걱정을 해주시니 다행이네요."

이공재 씨의 말에도 일리가 있었다. 나는 부끄럽고 자책감에 마음이 아팠다.

'우리 남매가 다 못났기 때문에 이런 소리를 듣는 것이다. 우리 부모는 우리가 모셔야지 왜 남에게 의탁하려 했을까?'

그 후 나는 운현궁 언니(둘째 오빠 이우 공의 부인 박찬주 여사)와 함께 이전 귀국 때 가지 못했던 금곡릉에 찾아갔다. 금곡릉 어머니 묘소도 초라하기가 서삼릉과 다를 바 없었다. 금곡릉 바깥쪽 능지기 집 뒤에 있는 언덕 위에 어머니 의친왕비 묘소가 홀로 모셔져 있었다. 누구의 묘라는 비석이나 표식도 없이 세파에 할퀴어진 봉분만 덩그러니 있었을 뿐이다. 그래도 어머니의 친정 조카들은 가끔 성묘를 다녔다고 한다.

결국 나는 오랫동안 참고 참았던 눈물을 터뜨리고 말았다. 그러면서 마음속으로 굳게 약속하였다.

"어머니, 제가 무슨 일을 해서라도 아버지와 합장을 해드릴게요. 그래서 어머니의 비원悲願을 풀어드릴게요. 조금만 더 기다려 주세요."

그때 문득 내가 어릴 때 어머니께서 하신 말씀이 떠올랐다. 당시 나는 마음고생만 시키는 아버지에 대한 어머니의 관대한 이해와 사랑을 이해할 수 없었다. 그래서 하루는 어머니께 당돌하게 여쭤본 적이 있다.

"어머니께서는 목석木石이십니까? 시샘도 안 나세요?"

"나야 어디 사람하고 결혼했나? 법도法道하고 결혼했지. 그러나 상관없단다. 죽어서 너희 아버지 묘소에 들어갈 사람은 나 하나뿐이니 말이다."

잔잔하게 웃으시며 그렇게 말씀하셨지만 두 분이 서로 다른 곳에 초라하게 묻혀계시니 이게 무슨 일이란 말인가? 나는 빠른 시일 안에 두 분을 합장하는 것이 그분들의 은혜를 갚는 길이라고 생각하게 되었다. 그래서 미국으로 돌아온 뒤 매월 월급에서 조금씩 떼어 이장에 필요한 비용을 저축하기 시작했다.

1989년 4월 30일, 영친왕비 이방자 여사가 별세하셨다. 부모님 묘소 합장을 도와주시겠다고 흔쾌히 말씀하셨던 영친왕비가 돌아가신 후 묘소 이전 계획은 무산되고 말았다. 나는 실의에 빠졌다. 얼마나 고대했던 일인데 모든 것이 한순간에 없었던 일이 되어버린 것

┃ 서삼릉에 있던 의친왕의 옛 묘소

이다. 그 모습을 본 김복희 언니는 당시의 정부 관리이던 전주全州 이씨李氏 종친 한 분과 의논했다고 했다. 그 종친이 제시한 해결 방법을 김복희 언니가 내게 전해 주었다.

"탄원서를 작성해 문화체육부에 제출해 보라 하세요."

그러나 탄원서를 쓰는 것은 내게 엄청나게 어려운 일이었다. 미국에서 오랫동안 살면서 한국어를 쓸 기회가 별로 없었기 때문이다. 탄원서를 쓸 엄두도 내지 못하고 다시 몇 해를 흘려보냈다. 굳게 다짐하고 돌아가신 부모님께 약속까지 했던 내 결심이 무너지는 듯했다.

그러던 어느 날, 또다시 고마운 분을 만났다. 컬럼비아대학교 동양학 도서관에 고서 정리를 하러 한국에서 오신 어떤 선생님이 딱한 사정을 들었다며 내게 제의했다.

"이해경 선생님이 할 수 있는 대로 편지처럼 써오면 제가 문장을 고쳐드리지요."

그분 덕분에 나는 탄원서 비슷한 편지를 다음과 같이 쓰게 되었다.

● 문화체육부 장관에게 보내는 탄원서(전문)

문화체육부 장관님 귀하

문화 체육의 제반 정책 입안과 시행 등으로 국무에 밤낮없이 다망하신 장관님께 불민한 교민이 당돌하게 이런 글을 올리는 것이 예의와 도리에 어긋나는 줄 압니다만, 저의 애통박절哀痛迫切한 사정私情을 하루하루 미루어 갈 수만 없어서 감히 이 탄원서를 올리게 되었습니다.

저는 고종 황제의 제5남이며 순종 황제의 아우이신 의친왕李堈의 제5녀 이해경입니다. 1950년에 이화여대를 졸업하고 1956년에 미국으로 유학 와서 현재는 미국 컬럼비아대학 동양학 도서관에서 한국학과 책임자로 근무하고 있습니다.

저의 선친이신 의친왕의 묘소는 현재 서삼릉 외곽 한양골프장 밖 언덕 위, 그분 생모 되시는 장 귀인 묘 옆에 비석도 없이 초라하게 방치되어 있는 실정입니다. 그리고 선비先妣(돌아가신 어머니) 의친왕비 김씨는 금곡릉 밖 능지기 집 뒤 언덕에 또한 비석도 없이 모시어 놓았습니다.

전해 듣기로는 양위분의 묘소를 합장할 계획이었으나 당시 사정이 여의치 않았을 뿐더러 그 후 저희 자녀들이 불민 무능하고 또 성의가 부족하여 오늘날까지 실행하지 못하고 있는 실정입니다.

저희의 소원은 양위분을 한 곳에 합장하고 격식에 맞는 비석碑石 등을 묘역墓域에 세워드리는 것입니다.

듣자옵건대 선친 의친왕의 묘소가 위치한 서삼릉 밖이나 선비 의친왕비 김씨의 묘소가 위치한 금곡릉 주위의 땅은 모두 문화재관리국 소유로서 당국의 허가가 있어야만 이장이 가능하다고 합니다.

몇 해 전에 제가 전주 이씨 대동종약원에 들렀을 때 이해문李海門, 이공재李公宰 종제宗弟(종친 중 동생)를 만나 이 일을 의논하였더니 양인은 저에게 탄원서를 문화재관리국에 제출하라고 권하였습니다.

그러나 불민 무능한 저희 남매들은 구체적인 방법을 몰라 근심 걱정으로 애만 태우고 차일피일 미루어오던 중, 이곳 컬럼비아대학을 방문하는 고국의 인사들께 저희 사정을 또한 의논하였던 바, 한결같이 전주 이씨 대동종약원의 의견과 같았습니다. 이에 용기를 내어 염치를 무릅쓰고 장관님께 감히 이 탄원서를 올리게 된 것입니다.

국운이 기울어가는 시기에 왕자로 태어나 평생 일제에 저항抵抗하셨으면서도 세상의 오해만 받으시다가 서거逝去하신 선친이 왕자의 예에 걸맞은 대우를 받지 못한 것은 고사故捨하고라도 오늘날까지 묘소에 비석조차 없이 방치되다시피 한 것을 생각하면 불효 불민한 저희 남매들은 죄송하여 통읍 한탄慟泣恨歎함을 금할 수 없습니다.

장관님, 저희들의 애통박절한 사정을 굽어 살피시어 장관님의 특별하신 배려로 선처하여 불민한 저희 남매들의 오매숙원寤寐宿願을 이룩되게 해주시면 한恨을 머금고 지하에 계신 선친 의친왕의 영혼이 위로됨은 물론이려니와 불초不肖 저희 남매들은 그 은혜 백골난망白骨難忘이겠습니다.

끝으로 고국의 무궁한 번영과 장관님의 만복을 성심으로 축원하옵고, 이만 줄입니다.

1994년 8월 31일
李海瓊 올림

나는 이 편지를 이민섭 당시 문체부 장관께 보냈다. 그로부터 얼마 후 문체부로부터 답장이 왔다.

"금곡릉으로 이장하는 것은 허락하겠으나 비용은 부담하지 못함을 알려드립니다."

즉시 나는 전주 이씨 대동종약원의 이공재 사무총장에게 이장 허가가 나왔음을 알렸다. 그리고 모든 절차에 따른 협조를 부탁했다.

한편 1973년경 영친왕비께서 의친왕 묘소 이장 허가를 정부에 요청하셨던 자료를 뒤늦게 찾았다. 당시 문화재관리국에서 홍릉 경내 이장은 물론 장례비 일체까지 허가받았다고 한다. 또 1994년 10월 29일 전주 이씨 대동종약원에서 당시 이범준 이사장 명의로 문화재관리국장에게 공문을 보내 의친왕의 묘소 이전에 대한 국비 보조를 신청했던 사실도 알게 되었다. 하지만 그때 정부에서는 아무런 답변도 못 받았다고 한다.

이공재 사무총장은 도와줄 것을 흔쾌히 약속했지만 묘소를 격에

│ 전주 이씨 대동종약원의 이범준 전 이사장

맞게 꾸미려면 그 비용이 엄청나게 든다고 했다. 10여 년 동안 내가 절약하여 모은 돈 1만여 달러로는 어림도 없다는 말에 다시 상심할 수밖에 없었다. 그러나 시작이 반이라는 말을 생각하고 용기를 냈다.

'일단 내가 모은 돈으로 이장만 하고 석물石物 등은 돈이 더 마련되면 형편대로 갖추어 드리자.'

내가 부모님의 묘소 이전을 추진한다는 소식을 들은 어머니 의친왕비의 친정 조카들이 돈을 모아 비용에 보태겠다고 했다. 의친

▌ 의친왕비의 조카딸인 김종옥 언니

왕비의 조카들은 자신의 고모인 의친왕비를 항상 가엾게 생각했다. 특히 의친왕비의 동생인 김춘기 아저씨의 부인께서는 의친왕비 걱정에 눈을 감지 못하고 돌아가셨다고 한다. 어느 정도 비용을 마련한 나는 모든 가족에게 본격적으로 묘소 이전을 추진한다고 알렸다.

하지만 나는 왕릉의 묘소 이전 절차를 알지 못했다. 그래서 전주 이씨 대동종약원으로부터 연락이 오기만 기다렸다. 그런데 무슨 복잡한 일들이 있었는지 아무런 소식을 보내오지 않았다. 그렇게 또 2년여의 세월이 흘러갔다.

그러던 중 나는 27년간 근무했던 컬럼비아대학교 동양학 도서관의 사서직에서 은퇴하게 되었다. 1996년 6월이었다. 그리고 그해 10월 나는 다시 귀국했다. 숙원이었던 아버지 의친왕과 어머니 의친왕비의 합장을 혼자 힘으로라도 성사시키기 위해서였다.

그때 나는 세상 물정을 참 몰랐던 것 같다. 귀국해서 전주 이씨 대동종약원의 이공재 씨한테 부탁만 하면 묘소 이전이 순조롭게 처리될 것이라고 철석같이 믿었다. 그런데 막상 대동종약원에 찾아간 나는 크게 실망했다. 이공재 사무총장이 도와주기는커녕 나를 무척 쌀쌀맞게 대하는 게 아닌가.

"후손들이 이장하시려거든 직접 하시죠."

그의 태도가 전과 달라진 데는 이유가 있었다. 국내에 있던 내 동생 영길(이석)이 종친이나 종약원 관계자들과 많은 갈등을 일으켰기 때문이다. 특히 아버지 묘소 이전 문제로도 갈등이 있었던 모양이다.

"아버지의 묘소 이전은 우리가 직접 하겠으니 걱정하지 마시오."

영길이가 이렇게 큰소리를 쳤다는 것이다. 그동안의 국내 사정을 모르고 있었던 내게는 '마른하늘에 날벼락' 같은 상황이었다.

정말 세상 모든 일은 내 뜻대로 돌아가지 않았다. 한 번 더 좌절에 빠져 있을 때 희망의 손길이 나타났다. 조카 혜원이었다.

"고모님, 제가 모든 일을 맡아서 처리하겠습니다."

마치 부모님의 영혼이 혜원이를 내게 보내 주신 것 같았다.

혜원이에게는 너무도 가슴 아픈 사연이 있다. 혜원이는 잊힌 내 동생 해종海鍾이의 아들이다. 해종이는 아버지의 아홉 번째 아들이다. 그런데 자존심 강한 생모 전경복 씨 때문에 사생아가 되어 자기 어머니 성姓을 물려받고 전씨全氏로 살았다. 해종이는 혜원, 혜경, 혜영, 성곤이 등 4남매를 두고 일찍 죽었다.

우리 집안에서도 해종이가 아버지의 아들임을 인정했다. 그런데 우리 가족의 호적을 만들 당시 시대적인 상황 때문에 해종이를 찾지 못해 호적에서 누락된 것이다. 그래서 아직도 해종이가 의친왕의 아들이라는 사실을 두고 논란을 벌이는 사람들이 있다.

내가 조카 혜원이를 마지막으로 본 것은 아버지 의친왕의 장례식 때였다. 당시 혜원이는 태어난 지 몇 달 되지 않은 젖먹이로 자기 엄마인 조병선 씨 품에 안겨 있었다. 그런데 아기였던 혜원이가 어른이 되어 나를 돕겠다고 구세주처럼 나타난 것이다.

굽은 나무가 고향을 지킨다고 했던가. 호적 정리가 잘못되어 의친왕의 손자로 제대로 인정을 받지 못하던 혜원이가 앞장서서 묘소 이전 문제를 모두 해결했다. 문화재관리국의 까다로운 절차를 감당하고 전주 이씨 대동종약원으로부터 협조를 받는 등 모든 일을 혜원이가 발 벗고 나서서 처리해 주었다. 그가 없었더라면 나는 아직도 부모님 묘소 이전의 숙원을 이루지 못한 채 야속한 세월만 보내고 있었을지 모른다.

뒤늦게 전주 이씨 대동종약원으로부터 연락이 왔다.

"지금 진행되는 묘소 이전을 내년 봄으로 미루면 종약원에서 적극적으로 도와드리겠습니다."

고맙지만 나는 그 제의를 거절했다. 그리고 1996년 11월 29일 이장 작업을 했다. 궁중 전례 의식은 전주 이씨 대동종약원 임역원들이 오셔서 맡아 주셨다. 그날 드디어 서삼릉에 계시던 아버지의 유해를 금곡릉으로 옮겨 어머니와 합장해드렸다. 오랜 세월 같은 하늘 아래 계시면서도 다른 곳에 누워계셨던 두 분을 마침내 한곳에 모셨다. 가슴속에 응어리졌던 무거운 짐을 조금이나마 덜게 된 것이다.

▌의친왕과 의친왕비의 묘소 이전 광경

┃ 묘소 이전 후 한 자리에 모인 의친왕의 후손들

　그날 나는 그동안 쌓였던 긴장이 풀려서 그런지 오랜 친구였던 김복희 언니를 보고는 그 자리에 주저앉아버렸다.

　"언니, 이젠 내가 할 일은 다 끝났어."

　하지만 기쁨보다는 무언가 부족하다는 허전함이 마음에 가득했다. 외가와 형제들, 그리고 조카와 동창들의 도움으로 간신히 봉분은 마련했지만 비석과 상석 등을 마련하지 못한 걱정에 마음이 답답했다. 그런 마음을 알았는지 조카 혜원이 나를 위로했다.

　"고모님, 이제 아무런 걱정하지 마시고 미국에 돌아가 편안히 계십시오. 나머지는 우리 손주들이 힘을 모아 조금씩이라도 차근차근 마련해 나가겠습니다."

　그럼에도 불구하고 미국으로 돌아온 후까지도 나의 걱정은 사라지지 않았다. 그런 일이 얼마나 힘든 것인지 뼈저리게 경험했기 때문이다.

'언제나 그 일이 다 이루어질까?'

하지만 내 걱정은 기우에 불과했다. 바로 다음 해 한식寒食이 지난 후 혜원이가 반가운 소식을 전해 온 것이다.

"고모님, 이제 안심하세요. 비석만 남기고 묘소에 필요한 모든 석물을 다 마련했습니다. 이번 한식에는 국내에 있는 가족이 모두 모여서 조촐하게 제사도 지냈습니다."

▍의친왕 묘소의 석물을 마련한 후 찍은 사진

그 소식을 듣고 비로소 한시름 놓았다. 내 부모님 의친왕과 의친왕비는 드디어 홍유릉 능역에 안장되었다. 홍유릉은 금곡릉이라고도 불리는데, 고종 황제의 홍릉과 순종 황제의 유릉을 합한 이름이다. 그곳에는 홍유릉과 부모님의 묘소뿐만 아니라, 영친왕英親王 부처의 묘소인 영원英園, 그 아들 이구李玖 황세손皇世孫의 묘소인 회인원懷仁園, 덕혜옹주의 묘소도 있다. 이제 아버지 의친왕은 당신의 부모와 아내, 형제와 조카까지 함께 모여 외로움을 달랠 수 있게 되었다.

▌ 미국에서 만난 황세손 이구와 이해경

▌ 의친왕의 후손들

　아버지 묘소에는 장명등석과 망주석, 상석 등 석물이 마련되었
는데, 장명등석과 상석에는 대한제국의 의친왕 문장紋章인 겹오얏

꽃이 새겨져 있다고 한다. 그 얘기를 들었을 때 아버지의 묘소가 이제야 대한제국 황자의 묘소로서의 면모를 갖췄다는 생각이 들었다. 부모님의 묘소 일대는 평소에는 일반인에게 공개되지 않는다. 그런데 2016년 9월부터 11월까지 아버지 의친왕의 묘소와 덕혜옹주의 묘소가 함께 있는 영원 일대를 특별히 개방하였다. 이때 많은 참배객이 찾아와 아버지 의친왕에 대해 새로운 인식을 갖는 계기가 되었다고 한다.

구분	명칭	위호	비고
능	희릉	제11대 중종의 계비 장경왕후 윤씨	단릉
	효릉	제12대 인종과 그 부인 인성왕후 박씨	쌍릉
	예릉	제25대 철종과 그 부인 철인왕후 김씨	쌍릉
원	소경원	제16대 인조의 자(소현세자)	단릉
	의령원	장조(사도세자)의 왕자(의소세손)	단릉
	효창원	제22대 정조의 장자(문효세자)	단릉
묘	회묘	제9대 성종의 원비이며 연산군의 사친인 폐비 윤씨	1기
	의친왕 묘	고종의 다섯째 아들과 모 장씨 등	3기
	경혜옹주 묘	태조의 장남인 진안대군(방우)의 딸 등	2기
	경선군 묘	제16대 인조의 장자 소현세자의 자	2기
	후궁의 묘	빈·귀인·숙의·소의·숙원 등	22기
	왕자·공주의 묘	대군·군·왕자·공주·옹주 등	22기
태실	왕태실	제1대 태조 고황제 등 역대 왕 및 왕자·왕녀 등의 태를 안장	22위
	왕자·왕녀 태실		32위
계		능: 3기, 원: 3기, 묘: 52기, 태실: 54위	

| 이장 전 서삼릉 문화재 현황

대한제국은 새 국호를 공표한 후 《대한예전大韓禮典》이라는 책을 편찬하였다. 이는 국가 전례를 담은 책으로서 황제국으로서의 면모를 새롭게 하고 국가의 자존감을 드러내려는 목적으로 만들어졌다. 《대한예전》은 황제의 신성성과 세속의 권력을 예의 형식으로 체계화한 규범서로 주로 《국조오례의》를 본보기로 삼았다. 《국조오례의》는 조선의 예법을 기록한 책으로, 《대한예전》이 이 책을 본보기로 했다는 것은 대한제국이 조선의 전통을 계승한다는 의미를 담고 있다.

조선의 오례五禮는 길례吉禮, 가례嘉禮, 빈례賓禮, 군례軍禮, 흉례凶禮였다. 길례는 여러 신에게 제사를 지낼 때 국가를 대표하여 왕만이 할 수 있다는 권위를 부여하는 것이다. 환구대제나 사직대제, 선농先農, 선잠先蠶, 문묘대제 등도 여기에 포함된다. 가례는 통과의례적인 향연의 예법이다. 책봉이나 혼례, 관례 등을 말한다. 빈례는 나라와 나라 사이의 친화를 유도하도록 하려는 것으로 외국 사신을 접대하는 예법이며 군례는 군軍을 통제하고 강군強軍을 만들기 위한 것으로 군대의 최고 통수권자로서의 왕의 위상을 의식으로 상징하는 것이다. 흉례는 국가적인 재앙·왕과 왕족의 사망 등 슬픔을 위로하여 극복하려는 의례이다.

총 열 권으로 이뤄진《대한예전》에는 이 오례에 대한 예법이 황제국의 위상에 맞게 격상되어 있다. 황제 관련 예법은 명나라의 예전인《대명집례》나《명회전》을 주로 참고하였다. 한족 중심의 중화中華를 계승하는 동시에 여진족 국가인 청나라와 단절하겠다는 의지를 나타낸 것이다.

《대한예전》에는 우선 황제국의 위상에 걸맞도록 용어들이 바뀌어 있다. '전하'는 '황제' 혹은 '폐하'로, '왕후'는 '황후'로, '왕태자'는 '황태자'로, '대비'는 '태후'로 바뀌었다. 임금의 말을 뜻하는 '교敎'는 '제制', '칙勅', '조詔'가 되었다. '새璽'나 '보寶'라는 글자는 사용하지 못하고 '인印'이라고 표현했던 국새에 대해서도 그 글자 사용에 제한이 없어졌다.

길례에는 황제만이 할 수 있는 환구대제에 대한 예를 대표 격으로 포함하고 있다. 오례 중《국조오례의》와 가장 큰 차이를 보인 것은 빈례이다. 외교 정책이 사대교린에서 벗어나 세계 각국과의 동등한 교류로 바뀌었기 때문이다. 중국 사신에 특별 예우를 했던 태평관과 같은 정부 직영의 사신 숙소에 대한 내용이 사라진 대신 각국 사신이 황제를 알현할 때 세 번 국궁鞠躬(존경의 뜻으로 몸을 굽힘)하는 예를 갖추도록 한 것이나 예포를 발사하는 등의 서양식 의전이 포함되었다.

고종 황제 즉위 후 국가 체제도 정비되었다. 이미 세상을 떠난 민비는 명성황후로 추숭되었고 세자는 황태자로, 왕자들은 친왕親王으로 책봉되었다. 고종의 황권의 정통성을 갖추기 위해 태조를 비롯하여 장조(사도세자), 정조, 순조, 익종(효명세자)에 이르는 4대조를 황제로 추봉했다. 고종은 흥선대원군의 아들이었지만 익종의 양자로서 왕위를 이을 수 있었기 때문에 익종을 선대 황제로 추숭한 것이다. 또 순종 황제가 즉위한 후 1908년에는 진종(영조의 장남, 정조의 양부)을 소황제昭皇帝로, 헌종은 성황제成皇帝, 철종은 장황제章皇帝로 추봉하였다. 이로써 "천자天子는 칠묘七廟를, 제후는 오묘를 제사한다"라는 《예기禮記》에 의거한 황제국 칠묘제를 완성하게 되었다. 비로소 황권의 정통성을 확립하게 된 것이다.

대한제국이 개국하면서 제후국 복제도 모두 황제국의 복제로 바뀌었다. 《국조오례의》에 나와 있는 조선 시대 왕의 면류관과 곤룡포는 9류면·9장복이다. 면류관은 임금의 예모禮帽 가운데 가장 존엄한 것인데 이 이름은 관 위의 직사각형 판을 '면冕'이라 하고 면의 앞뒤로 구슬을 꿰어 늘어뜨린 것을 '류旒'라고 한 데서 유래했다. 끈에 열두 개의 구슬을 꿰어 만든 '류'는 황제 12류, 제후 9류로 정해져 있었다. 또 임금이 조회나 종묘 제례 등 중요한 국가 행사를 치를 때 입었던 관복인 곤룡포의 무늬도 황제 12장, 제후 9장으로 제한되어 있었다. 조선 임금의 곤룡포에는 산山·용龍·화충華蟲(꿩) · 종이宗彝(종묘 제향에 쓰던 술잔) · 조藻(수초) · 화火 · 분미粉米(쌀알) · 보黼(도끼) · 불黻(亞자 문양)의 9장문章紋을 새겼다. 대한제국 황제는 9장문에 일日 · 월月 · 성신星辰(많은 별)을 더한 12장문의 곤룡포를 입었다.

−임민혁 · 최규순 외 지음, 《대한제국》(민속원) 참조

제4부

나의 아버지
의친왕

빛바랜 역사책에서 찾아낸
아버지의 참된 모습

나는 60년 넘게 미국에서 살았고 그중 절반의 세월 동안 컬럼비아대학교 동양학 도서관에서 일했다. 도서관에서 근무한 덕택에 그동안 미처 알지 못했던 우리나라의 역사를 새롭게 배울 수 있었다. 그 가운데 구한말 조선 왕조 역사에 대한 남다른 애착과 흥미를 갖게 되었다.

또 빛바랜 역사책 속에서 아버지 의친왕의 참된 면모를 발굴할 수 있었다. 한때 아버지에 대한 기억을 아예 지워 버리려고 노력했던 적도 있다. 그런데 아버지의 숨겨진 면모를 알게 된 후 그분에 대한 그리움에 가슴이 사무쳤다. 그동안 남모르게 원망만 했던 아버지가 가엾게 느껴지기도 했다.

아버지는 이 세상에 태어나신 후부터 돌아가신 그날까지 항상 역

사의 그늘 속에 사셨다. 그 쓰라린 좌절의 생애를 마치셨지만 오늘
날까지도 아버지에 대한 그릇된 평가가 계속되고 있다. 왕족이면서
항일 운동을 했던 아버지에 대한 기록이 명백히 남아 있다. 하지만
아버지는 불명예스러운 평가만 받은 채 1955년 8월 15일 실의와 울
분으로 점철된 좌절의 생애를 마치셨다.

나는 의친왕의 딸이고 그중에도 궁에서 지밀 어머니와 함께 살았
던 흔치 않은 존재였지만 아버지와 함께 지낸 시간은 길지 않다. 어
릴 적 아버지께서는 정초나 생신 같은 특별한 행사가 있는 날이나

편찮으실 때만 궁에 머무르셨다. 아버지께서 궁에 머무르실 수 없었던 데에는 일제로부터 공☆ 작위를 박탈당한 이유도 있다는 것을 뒤늦게 알게 되었다.

어린 시절 아버지에 대한 인상적인 기억은, 한 달에 두 번씩 꼭꼭 문안드리던 일, 집안 잔치 때 댄스파티가 열리면 아버지께서 언니 오빠들이 함께 춤추는 모습을 부러워했던 일 정도가 전부이다. 내가 성장한 후에는 궁에서 나와 살았으니 부녀간 애틋한 혈육의 정을 들 일 시간적 여유가 없었다.

나도 한때 의친왕의 딸로서 긍지보다는 갈등과 부담을 느끼며 살았다. 물론 이 못난 딸은 지금 뒤늦은 후회의 눈물을 흘리고 있다. 뒤늦게나마 아버지 의친왕의 항일 운동 행적과 기록이 공개되어 불명예를 씻을 수 있다면 나의 모든 후회와 부끄러움이 한순간 다 사라질 것 같다. 이제 잘못 알려진 아버지의 참된 면모를 널리 알려 그분의 영혼을 뒤늦게나마 위로하고 싶다. 그래서 나의 아버지 의친왕과 나를 키워 주신 어머니 의친왕비에 대한 이야기를 여기에 담고자 한다.

기구한 출생과
양녕대군 같은 운명

나의 아버지 의친왕은 그토록 염원하시던 조국 해방의 기쁨을 한껏 누리지도 못한 채 6·25전쟁의 거센 파도에 휘말려 고생하셨다. 그러다가 1955년 한 많던 세상을 떠나셨다. 그리고 나는 그 이듬해인 1956년 아무런 미련도 없이 고국을 떠났다.

내가 부모님 이야기를 자세히 쓰려고 하는 이유는 앞서 밝힌 것처럼 아버지에 대한 왜곡된 평가를 바로잡기 위해서이다. 또 나의 뿌리를 밝혀야 나의 일생을 보다 잘 정리할 수 있을 것 같아서이다.

나의 아버지 의친왕은 수많은 순국선열이 조국의 독립과 자유를 외치며 쓰러져 가던 그 살벌한 일제강점기에 왕족의 신분을 박탈당하는 것은 물론 온갖 회유와 협박에 시달렸다. 그럼에도 불구하고 아버지는 그에 굴하지 않고 꿋꿋하게 사셨다. 그런데 아버지는 기울어 가는 나라의 운명을 외면한 채 무위도식과 주색잡기로 나날을 보낸 무기력한 황자로 알려져 있다.

그러나 역사의 진실은 숨길 수 없다. 할아버지 고종 황제를 비롯하여 순종 황제, 영친왕 그리고 아버지 의친왕도 모두 일제에 저항했던 것이 사실이다. 물론 일제에게 빼앗긴 나라를 되찾기 위해 노력하는 것이 그들의 의무이고 당연한 일이므로 큰 공로라고 생각하지 않는다. 그분들은 국가 경영을 책임지는 분들이었기 때문이다.

하지만 그분들의 행보가 공로로 인정받지 못하더라도 최소한 왜곡되는 것은 막고 싶다. 이제까지 할아버지인 고종 황제는 유약하고 무능한 황제로, 아버지 의친왕은 술과 여자만 탐하고 나라를 구하기 위해서 아무 일도 하지 않았던 무책임한 황자로 평가되어 왔다.

하지만 숨어 있던 당시의 기록이 하나둘씩 나타나면서 그런 평가들이 조작된 허구였다는 것이 밝혀지고 있다. 그러므로 이제는 진실된 기록을 바탕으로 그분들에 대한 올바른 평가가 이뤄져야 한다. 또 그분들의 잃었던 명예를 회복해드리는 것이 후손이 해야 할 일이라고 믿는다.

나는 의친왕의 딸로서 나의 이야기와 함께 아버지의 이야기를 담아 의친왕의 참된 면모를 세상에 알리고자 한다. 이것이 나의 당연한 의무라고 생각하기 때문이다.

나의 아버지 의친왕은 격동의 시기였던 조선 말 1877년 3월 30일(정축년 음력 2월 16일) 고종 황제의 다섯 번째 아들로 태어나셨다. 태어나신 장소는 북부北部 순화방順化方 사재감司宰監 상패계 자하동에 있는 범 숙의의 궁이었다. 범 숙의는 철종哲宗 대왕의 후궁이며 조선 말기 유명한 개화 사상가 박영효의 부인인 영혜옹주永惠翁主의 생모이시다. 나의 할머니이신 아버지의 생모는 귀인貴人 덕수德水 장씨張氏이다.

아버지는 왕실의 귀한 아들로 태어났다. 하지만 그 탄생이 왕실의 모든 사람에게 기쁨이었던 것은 아니다. 명성황후는 아버지가 태어난 것을 알고 불같이 화를 내셨다고 한다. 장 귀인 할머니는 명성황후의 상궁이었다. 명성황후는 자신의 처소 상궁이 고종 황제의 승은을 입고 아이까지 낳은 것은 크나큰 배신 행위라고 생각했던 것이다. 그래서 장 귀인 할머니를 불러들여 칼로 찌르고 아기인 아버지와 함께 궁 밖으로 내쫓았다고 한다.

실록에 따르면 아버지를 낳을 때까지 궁인 장씨였던 할머니는 아버지를 낳은 지 23년만에야 숙원이라는 후궁 첩지를 받았고 그로부터 6년 후 귀인으로 봉해졌다. 그러나 장 귀인 할머니는 궁에서 쫓겨날 때 입었던 상처로 10년을 앓다가 돌아가셨다. 그리고 아버지는 주로 외갓집에서 유년을 보내셨다. 외갓집에서는 공부를 많이 한 외삼촌으로부터 글과 글씨를 배울 수 있었다고 한다.

한편, 왕실에는 명성황후가 낳은 분이 왕세자로 책봉되어 있었다. 그분은 뒤에 순종 황제가 되신 분이다. 그러나 그 뒤로 태어난 대군大君들이 다 어릴 적 세상을 떠나서 왕세자는 늘 독자獨子 신세로 남았다. 게다가 세자는 몸까지 허약하였다. 그래서 후사가 걱정된 명성황후는 고종 임금께 이렇게 말씀드렸다.

"궁인 장씨의 소생을 궁으로 데려오시지요."

그 결정 덕분에 아버지는 1891년 궁궐로 들어가게 되었다. 그때 아버지의 나이 열다섯이었다. 아버지는 성인이 되었음을 인정받는 관례冠禮를 치르고 의화군義和君에 봉해졌다. 아버지가 궁궐에 들어갈 때 최 고직이라는 사람이 따라 들어갔다고 한다. 그는 어린 아버지를 키우다시피 했던 분이라고 한다. 나도 그분을 본 적이 있다. 내가 본 그는 아버지가 찾으시면 곧 대령할 수 있도록 언제나 주방 가까이에서 대기하고 있었다. 그는 아버지가 남긴 음식, 심지어는 씹다 남긴 고기라도 황송해서 못 버린다며 자기가 다 먹었다. 그는 아버지에게 진정한 충복이었던 것 같다.

아버지 의친왕은 17세이던 1893년 10월 29일에 길례吉禮(왕자의 결혼)를 올리셨다. 상대는 연안延安 김씨 김사준金思濬 공의 따님이었다. 그분이 나의 지밀 어머니이신 의친왕비 김덕수金德修 님이다.

│ 의화군 시절 의친왕의 친필

당시 14세였던 어머니는 연원군부인延原郡夫人으로 봉해졌다.

결혼한 지 1년도 안 된 1894년, 아버지는 18세의 나이로 보빙대
사報聘大使가 되어 일본에 다녀오셨다. '보빙'이란 답례로 방문하는
일을 말한다. 무슨 일에 대한 답례였는지는 정확히 알 수 없지만 경
상남도《거창군지居昌郡誌》에는 청일전쟁의 승리를 축하하기 위해
서라고 실려 있다.

《고종 실록》에 의하면 아버지는 40여 일 동안 보빙대사 역할을
하고 돌아오셨다. 그때 고종께서는 "일본을 답례 방문하는 대사로
의화군 이강을 특별히 임명하여 보내 두 나라 사이의 우호 관계를
두터이 할 것이다(《고종 실록》, 1894년 10월 3일)"라고 말씀하셨다고 한다.
《고종 실록》 10월 10일자에는 '일본을 답례 방문하는 대사인 의화군
이강이 하직 인사를 하였다'라는 기록도 있다.

아버지의 행적에 대해 '보빙대사로 일본에 갔다가 명성황후의 방

| 의화군 시절의 의친왕과 의친왕비

해로 귀국하지 못했다'라고 쓰는 사람도 꽤 있다. 하지만 이는 잘못된 기술이다. 아버지께서 일본에 보빙대사로 가셨다가 돌아와 고종께 보고를 했다는 내용은 실록(《고종 실록》, 1894년 11월 17일)에 엄연히 기록되어 있다. 또 아버지를 궁으로 데려온 사람이 다름 아닌 명성황후인데 느닷없이 왜 귀국을 막았겠는가?

아버지께서 보빙대사로 일본에 다녀오신 그 이듬해, 음력 1895년 8월 20일 명성황후가 일본 낭인들에게 시해되는 을미사변이 일어났다. 명성황후가 시해된 날로부터 닷새 후 아버지 의친왕은 특파대사特派大使로 임명되셨다.

의화군 이강을 특파대사로 임명하는 동시에 영국, 독일, 러시아, 이탈리아, 프랑스, 오스트리아 각국을 답례 방문하라고 지시하였다.
　　　　　　　　　　　　　　　　－《고종 실록》, 1895년 10월 13일

| 일본 보빙대사 시절의 의친왕(앞줄 중앙)과 수행원들

《고종 실록》의 이 기사에 대해서는 나도 의문이 생긴다. 어머니인 명성황후가 시해된 지 5일 만에 유럽 여러 나라를 순방하라고 고종 황제께서 명령을 내리셨다는데 왜 이런 일이 일어났는지 이해할 수 없다. 심지어는 '답례 방문'이라고 했는데 무엇에 대한 답례였는지도 알 수 없다. 그 때문에 실록의 기록과는 달리 아버지의 유럽 순방이 이뤄지지 않았을 것이라고 여기는 사람도 많다.

대한제국이 세워진 1897년 궁인 엄씨嚴氏가 황자皇子를 낳고 귀인에 봉해졌다. 당시 황태자였던 순종께서는 후사가 없었다. 그러니 엄 귀인은 당신의 아들이 순종 황제에 이어 다음 황위 계승자가 되길 원했을 것이다. 그런데 아버지가 그 사이에 계셨으니 엄 귀인에게 아버지 의친왕의 존재가 눈엣가시였음은 뻔한 일이었다.

엄 귀인은 나중에 엄 귀비가 되셨고 바라던 대로 당신이 낳은 영친왕이 황태자가 되었다. 하지만 일본 유학이라는 미명으로 아드님을 일본에 볼모로 보내고 살아생전 다시는 만나지 못했다. 또 엄 귀비는 고종 황제를 가장 가까이에서 모셨지만 순종 황제와 많은 사람의 반대로 황후의 자리에 오르지 못했다. 그러니 그분의 운명도 기구하기 짝이 없다.

내가 어렸을 때 아버지에 대해 불평을 하면 지밀 어머니께서는 이렇게 말씀하셨다.

"너희 아버지는 가여운 분이다. 옛날의 양녕대군과 같은 분이시지."

그러면서 동생인 세종대왕에게 왕 자리를 양보한 양녕대군에 대해 설명해 주셨다. 동생에게 세자 자리를 넘겨주고 평생을 풍류객으로 살았다는 점에서 양녕대군이 아버지와 비슷하다고 여기셨던 것 같다.

나중에 아버지와 엄 귀비의 관계에 대한 기록을 여러 문헌에서 찾을 수 있었다. 1970년대에 《신동아》 잡지에 실린 이승만 대통령의 일기에서 그분이 주미한국공사관을 비판하는 내용 중에 아버지 얘기가 들어 있었다. 그 대강의 내용은 다음과 같다.

나라를 대표하여 온 공사관 놈들이 나랏일은 안 보고 엄 귀비 명에 따라 의화군의 행적만 조사해서 나쁘게 보고할 것만 찾아다닌다.

미국 유학 시절에도 아버지는 엄 귀비의 철저한 감시를 받았다는 것이다. 엄 귀비는 주미공사관에 특명을 내려 의친왕의 스캔들을 수집했고 이를 빌미로 고종 황제와 아버지 사이를 이간질했다고 한다. 당시 엄 귀비와 아버지의 사이를 짐작하게 하는 자료도 있다. 다음은 순종 황제의 계비를 간택할 때 일본에 있던 아버지가 고종 황제께 보낸 전보이다.

지금 황후가 안 계신데 그것이 더 급하니 먼저 황후를 간택하시는 것이 옳습니다.

―《대한매일신보》

이렇듯 아버지와 엄 귀비의 사이는 험악하기까지 했던 것 같다. 지밀 어머니께서는 그 문제에 대해서는 별말씀을 안 하셨다. 또 이런 일도 있었다. 정화당貞和堂 할머니와 보현당普賢堂 할머니가 계셨는데 두 분은 앞뒷집에 살고 계셨다. 나는 두 분이 고종 황제의 후궁이신 것만 알고 1년에 몇 번씩 문안을 갔다. 그런데 하루는 어머니께서 그분들에 대해 내게 말씀해 주셨다. 보현당 할머니는 귀인으로 황자를 낳으셨지만 어릴 때 잃으셨다고 했다. 정화당께서는 황후皇后로 간택되었지만 엄 귀비의 방해로 황제께서 정화당 할머니를 돌보지 않으셨다는 것이다. 정화당께서는 황제를 한 번도 뵙지 못하고 법도대로 평생을 혼자서 살고 계셨다는 것이다.

모함과 스캔들에 시달렸던
미국 유학 시절

1897년 고종 임금께서는 대한제국을 열고 고종 황제로 등극하셨다. 1899년 아버지 의친왕께서는 미국으로 유학을 떠나셨다. 고국을 떠나게 된 이유에 대해서는 구구한 설이 많지만, 아무튼 아버지께서 원하신 일이었던 것 같다. 아버지께서는 미국 유학 중이던 1900년 8월 17일, 의친왕으로 진봉進封되셨다.

아버지께서는 오하이오 주에 있는 웨스리안대학과 버지니아 주 세일럼 시에 있는 로아노크대학에 다니셨다. 1996년 여름, 나는

| 대한제국을 세운 고종 황제

| 미국 로아노크대학교 도서관에 보관되어 있는 의친왕(앞줄 중앙)과 김규식 선생(뒷줄)의 사진

아버지의 행적을 찾으러 로아노크대학 도서관에 방문하였다. 거기서 해묵은 자료들을 찾다가 1901년 3월 20일에 찍은 아버지의 귀중한 사진을 발견했다. 그 사진에는 김규식金奎植 선생도 함께 있었다. 김규식 선생은 학자이자 일제강점기에 항일 운동을 했고 해방후에는 우리나라의 유력한 정치가로 활동하신 분이다. 그 사진으로 청년 시절 아버지 의친왕과 김규식 선생 사이에 교분이 있었음을 확인할 수 있었다.

그 사진을 보고 나는 불현듯 한 가지 기억이 떠올랐다. 해방 후 중국에서 돌아온 임시정부의 김구金九 주석과 김규식 선생이 사동궁으로 아버지를 뵈러 왔던 때의 모습이다. 두 분뿐만 아니라 임시정부 각료 전체가 함께 찾아왔다. 그분들이 아버지께 문안드리는 모습이 아직도 기억에 생생하다.

아버지께서 처음부터 로아노크대학에 다니신 것은 아니다. 처음에는 고종 황제의 허락을 얻어 미국 오하이오 주 델라웨어 시의 웨스리안대학에 입학하셨다. 당시만 해도 미국에 한국인이 많지 않았다. 또 동양인이라면 무조건 중국인이나 일본인으로 여겨지던 때였다. 아버지는 미국 땅을 밟은 직후 백인 청년들에게 몰매를 맞기도 했다고 한다. 백인우월주의자였던 그들은 "중국놈을 죽여라"라고 외치며 아버지를 무차별 폭행했다고 한다. 중국인으로 오인을 받았던 것이다. 아버지는 이후 며칠 동안 자리에서 일어나지도 못하셨다고 한다. 대한제국은 외교 경로를 통해 미국 정부에 항의했다. 이 문제가 한국과 미국 사이의 외교 문제로 비화된 것이다. 이에 대한 기록은 1995년 미 국무부의 외교 기록 자료가 공개되면서 밝혀졌다.

아버지는 미국 유학 시절 어처구니없는 사실무근의 스캔들에 시달리기도 하셨다. 이 스캔들은 비단 엄 귀비 때문만은 아니었다. 황

▌ 아버지 의친왕의 행적을 찾아 로아노크대학에 갔을 때의 이해경

실이 없는 미국인들에게 인물이 훤칠한 동양의 젊은 황자는 호기심
의 대상이었을 것이다. 아버지의 일거수일투족은 늘 저들의 관심을
끌었다. 그래서인지 선정적인 허위 보도나 오해에 의한 오보도 여
러 번 있었다.

　그 황당한 오보들은 다음과 같았다.

대한제국 황제의 2남인 의친왕이 현재 미국에 유학 중인데 에밀리 브라운이라는 미국 처녀와 열애 끝에 마침내 결혼하게 되었다. 신데렐라가 된 에밀리 브라운 양이 한국으로 데리고 갈 수행원을 모집하고 있다.

-《선데이 포스트》, 1903년 11월 29일

당사자의 인터뷰까지 포함된 기사였지만 이는 황당무계하게 조작된 허위 보도였다. 그러나 누구에 의해 어떻게 그런 기사가 실렸는지는 끝내 밝혀지지 않았다. 이와 관련한 이규태(조선일보 전 논설고문) 씨의 글도 소개한다.

금세기 초 미국에 때아닌 한국 황실에서 일할 궁녀 지망이 러시를 이룬 적이 있었다. 미국의 3류 신문에 실린 다음과 같은 기사가 그 러시의 원흉이다. 에밀리 브라운이라는 미국 아가씨가 은자隱者의 나라 한국의 황제와 결혼하게 되어 그 슬하에서 일할 미국 여자들을 모집하고 있다는 내용이다.

말을 탄 미모의 에밀리 사진까지 곁들인 것이다. 로열 콤플렉스, 곧 왕실에 대한 열등감과 선망이 유별나게 강한 미국인이어서 한국의 미국 공사관에 취업 지망 신청이 쇄도했는데 유모, 보모, 의사, 간호사, 하녀와 가정교사, 영어 교사, 요리사, 재봉사, 심지어는 궁정의 수의사까지 각양각색이었다.

에밀리 브라운 양은 고종 황제의 둘째 왕자인 의친왕의 유학 시절 단순한 여자 친구로서 3류 신문들이 신문을 팔아먹고자 조작해 낸 기

사이다. 당시 우리나라에 주재하던 미국 공사 앨런이 이 때문에 골탕
먹은 사실을 회고록에 적어 놓고 있다.

—이규태, 《조선일보》, 1997년 4월 16일

의친왕이 미국에 유학했던 1903년 3월 1일자 《뉴욕 헤럴드》지는
의친왕이 놀라운 성명을 했다 전제하고 다음과 같이 보도했다. "이 조
선의 왕자는 미국 시민의 자유와 독립심에 매료되어 그의 국내외에서
의 자유롭고 독자적인 활동을 위해 왕국의 왕관 계승권과 왕좌에 관
련된 어떤 권한도 포기한다"라는 이 신문 기사는 당시 의화군 곧 의친
왕이 다니고 있던 대학의 여자학부의 활달한 학생 앤지 글라함 양과
의 염문 때문에 왕권 계승 권리를 포기한 것으로 추측하고 있으나, 이
미 그때에는 엄비 소생의 영친왕 이은에게 후사 없는 순종의 계승권
이 건너뛰게 돼 있었다.

—이규태, 〈이규태 역사 이야기 - 100년의 뒤안길에서〉

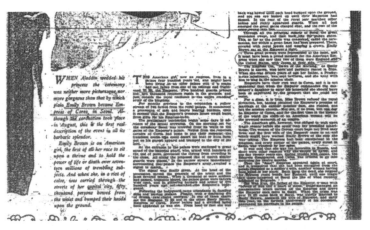

▎의친왕에 대한 허위 기사가 실린 미국 신문

아버지가 오하이오에 계실 때는 하란사河蘭史 여사라는 분과 동지로서 가까이 지내셨다고 한다. 이는 최활란 선생에게 들은 이야기와 문헌을 통해 정리할 수 있다. 하란사 여사는 초창기 이화학당 교사를 지냈고 파리강화회의에 중요한 임무를 띠고 가다가 중국 베이징에서 독살되었다고 한다. 파리강화회의Paris Peace Conference는 1919년에 제1차 세계대전의 승전국들이 연합국과 동맹국 간의 평화조약을 협의하기 위해 개최한 국제회의다. 이 무렵 각지에서 임시정부가 수립되었으나 강화회의에서는 답을 주지 않았다.

하란사 여사와 아버지의 활동에 대한 이야기는 《이화 80년사》와 《한국개화여성열전韓國開化女性列傳》에 잘 나타나 있다. 다음은 여성 언론인인 최은희 여사가 집필한 《한국개화여성열전》에 실린 내용이다.

1918년 제1차 세계대전이 끝나고 미국의 윌슨 대통령이 민족자결주의를 부르짖었다. 전 세계 약소국가의 관심이 이 자유사상에 쏠렸고, 피압박 민족인 우리나라 사람들에게는 더욱 큰 자극이 되었다. 이 좋은 기회를 놓치지 않으려고 국내외의 애국지사들이 서로 연락을 취하여 일을 도모하기로 하였다.

하란사河蘭史 부인은 미국 유학 당시부터 교제가 넓었던 사람이었다. 그래서 고종은 그녀에게 궁중 패물을 군자금으로 주어 의친왕과 함께 해외에서 일을 착수하게 하려 했다. 깊이 간직했던 소위 한일의정서, 협약, 합병조약 등의 원문과 외국 의원들에게 보낼 호소문을 작성하여 이 문서들을 파리강화회의에 보내 윌슨 대통령에게 호소하려 했던 것이다. 그 준비 공작을 할 때 일본인의 눈을 피하기 위해 고종과 의친왕 부자父子가 변소에서 밀의를 했다는 소문까지 났었다.

이 일이 순조롭게 진행되고 있던 1919년 1월 하순 고종이 갑자기 승하하셨다. 고종이 세상을 떠나신 날, 신흥우 박사가 이화학당에서 환담을 나누고 있는데 하란사 부인이 창백한 얼굴로 급히 들어와 고종 황제가 승하하셨음을 전하였다.

| 고종 황제 붕어 후 상복 차림의 의친왕비와 큰오빠 건

내(최은희 여사)가 신흥우 씨 생전에 직접 들은 바에 의하면 "궁중의 발표가 있기 전에 하란사가 국상國喪을 먼저 알고 비밀리에 소식을 전한 것을 보면 의친왕을 통하여 독립운동가들끼리 긴밀한 연락을 하며 크게 활약하고 있었음을 짐작할 수 있다"라고 말했다.

하란사는 1월 말인가 2월 초에 본국을 빠져나가 베이징에 도착하였다. 그녀는 어느 교포가 베푼 환영 만찬에 뜻하지 않게 참석하게 되었는데 그때 먹은 음식이 빌미가 되어 석유왕 록펠러가 세운 병원인 협화의원協和醫院 일실에서 불귀의 객이 되고 말았다.

백인 학생들의 구타 사건 이후 아버지는 버지니아 주의 로아노크대학교로 학교를 옮기셨고, 그 학교 재학 중 김규식 선생을 만나셨다. 유학 중 아버지께서는 미국의 여러 곳을 다니셨다. 김규식 선생과 함께 버펄로에서 개최된 남북미박람회에 참석하였고 1902년

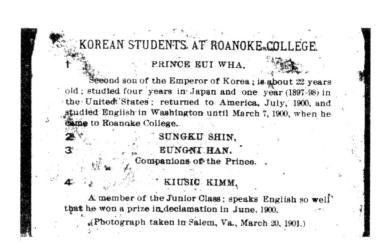

KOREAN STUDENTS AT ROANOKE COLLEGE.

1. PRINCE EUI WHA,

   Second son of the Emperor of Korea; is about 22 years old; studied four years in Japan and one year (1897-98) in the United States; returned to America, July, 1900, and studied English in Washington until March 7, 1900, when he came to Roanoke College.

2. SUNGKU SHIN,
3. EUNGNI HAN,

   Companions of the Prince.

4. KIUSIC KIMM,

   A member of the Junior Class; speaks English so well that he won a prize in declamation in June, 1900.

   (Photograph taken in Salem, Va., March 20, 1901.)

미국 로아노크대학교 도서관에 있는, 의친왕과 김규식 선생의 사진에 대한 설명

에는 로스앤젤레스를 방문하여 도산 안창호 선생에게 "미국에 있는 우리나라 사람들의 복지를 위해 써달라"라며 격려금도 전달하셨다고 한다.

1900년 미국에 계시던 아버지께서는 자신도 모르는 사이에 황제로 추대된 적도 있다고 한다. 그런 모의를 한 사람들은 일본사관학교 출신 한국인 장교들의 비밀 결사인 일심회一心會 단원들이었다. 그들은 쿠데타를 통해 대한제국의 보수 정권을 전복시키려고 계획하였다. 《고종 실록》에 의하면 그들은 모의 과정에 아버지 성함이 들어가는 혈맹서를 작성하기도 했다고 한다.

권호선權浩善이 논의를 꺼내기를, "우리나라가 망할 날이 조석朝夕간에 달려 있건만 전혀 막아낼 대책이 없으니 우리가 어찌 편안히 앉아서 보고만 있을 수 있겠는가? 지금 마땅히 맹약盟約을 정하여 나라를 붙들어 세워야 할 것이다"라고 하였습니다. 그리고 맹약서를 만들었지만 그 내용이 두루뭉술하고 명확치 않아서 사실 효과가 없는 것이었습니다. 그래서 내용을 고치고 제목을 '혁명혈약서革命血約書'라고 달았는데, 그 중의 조건은, 첫째, 대황제(고종) 폐하를 폐위한다는 것이고, 둘째, 황태자(순종) 전하를 폐위한다는 것이고, 셋째, 의친왕을 그 자리에 대신 올려 앉힌다는 것이고, 넷째, 국사범國事犯들로 정부를 조직한다는 것이고, 다섯째, 이 일을 누설하는 경우에는 서슬 퍼런 칼날을 안긴다는 것입니다.

―《고종 실록》, 1904년 3월 11일

나중에 쿠데타 모의 사실이 발각되어 단원 전체가 체포되고 감옥에 갇혔다가 증거 불충분으로 모두 석방되었다. 미국에 계시던 아버지 의친왕께서는 모의 사실조차도 모르셨지만 그 사건으로 엄 귀비 등의 경계가 한층 더 삼엄해졌다고 한다.

유학 중에도 늘 고국을 그리워하던 아버지께서는 1905년 8월, 고국을 떠난 지 6년 만에 귀국길에 오를 수 있었다. 그런데 아버지는 곧바로 귀국하지 못하고 일본 도쿄에서 8개월 동안이나 머물러 계셔야 했다. 남의 나라도 아닌 고국으로 돌아오는 데 8개월 이상 기

의친왕에 관한 기사가 수시로 보도된 당시의 대한매일신보

다려야 했던 이유는 무엇일까? 그 의문에 관련된 신문 기사가 있다. 당시 《대한매일신보》에는 다음과 같은 기사가 실렸다.

의친왕에게 귀국하라고 보내신 고종 황제의 전보가 중도에서 없어지곤 했다.

귀국하라는 고종 황제의 전보가 중간에 없어지고 아버지께 제대로 전달되지 않아 아버지는 일본에서 분부를 기다렸고 그 때문에 귀국이 늦어진 것으로 보인다. 도대체 누가, 무슨 이유로 중간에서 전보를 가로챘을까?

이런 이야기도 있다. 고종 황제께서 일본에 계시던 아버지 의친왕께 미국으로 되돌아가라는 전보를 보내셨다는 것이다. 그때 학자금 명목으로 5만 원을 보냈는데 이는 엄 귀비의 공작으로 추정된다는 것이다. 그 명령을 받은 아버지께서는 일단 미국으로 되돌아가셨다고 한다. 그때가 1905년 3월이었다.

일본 권력자 앞에서도
당당했던 의친왕

아버지께서는 그해 8월에 다시 귀국을 위해 일본 도쿄에 오셨다. 황현의 《매천야록》에는 아버지의 귀국 소식을 들은 엄 귀비가 당시 군부대신이던 이근택의 동생 이근상을 도쿄로 보냈다고 쓰여 있다. 그가 아버지께 은銀 300만 원을 주며 귀국하지 말라고 종용했다는 것이다. 하지만 아버지는 뜻을 굽히지 않고 다음 해 4월 7일에 귀국하셨다고 한다.

아버지 의친왕의 귀국 소식은 일본에서 귀국하신 바로 다음 날인 1906년 4월 7일자 《황성신문》에 실렸다. 고려대의 전신인 보성전문학교가 1906년 4월 6일에 《황성신문》에 낸 의친왕의 귀국 환영 광고와 관련된 사설이다. 아래의 글은 '의친왕 전하 대환영'이라는 제목의 사설을 현대 국어로 고친 것이다.

우리 황상 폐하께서 밤낮으로 잊지 않고 늘 걱정하시는 정성과 우리 2천만 국민이 늘 이루어지기를 바라던 일로 우리 의친왕 전하께서 어제 과연 예정대로 입경하셨으니 의친왕 전하를 환영하는 일반 국민의 뜻을 먼저 일본 신문에 게재하고 또 귀국 당일의 상황은 별항으로 실었거니와 우리의 기뻐하는 마음은 글로도 말로도 다 하지 못하겠으나 기자는 전국 2천만 국민을 대표할 책임을 지고 있으므로 이에 대하여 환영의 말씀을 널리 알립니다.

이번 의친왕 전하께서 돌아오신 일에 대하여 우리가 함께 특별히 환영의 뜻을 나타내는 사실은 우리 한국 황실에서 건양 원년(1896년) 겨울에 전하를 특파하시어 외국을 유람하게 하신 일에 관한 내용입니다. 우리 황상(고종) 폐하께서는 제도를 개선할 목적과 방침을 세우고 이미 정부 관원을 선택하시어 외국에 유람케 하신 사실이 있으나 그 효과를 보지 못했고, 그동안 위태로운 사정이 있는 까닭으로 특히 금지옥엽의 황자(의친왕)를 멀리 떠나게 하시어 문명 각국의 제도를 시찰케 하심이라. 비록 그러하나 우리 폐하께서 부자의 정과 자애심에 어찌 하루라도 의친왕 전하를 생각하는 마음을 염두에 두지 않으셨으리오.

의친왕 전하의 유람이 끝나 마침내 오늘(1906년 4월 6일)에 이르러서야 회국하심을 처음으로 보니 (전하의) 밝은 빛을 우러러 뵈오면 우리 황상 폐하께서 대견해하시고 기뻐하시는 용안은 말할 것도 없고 오직 우리 2천만 국민이 환영하는 정성을 어디에도 견줄 데가 없음은 일반 국민된 자 스스로도 믿을 것입니다.

전하께서는 문명 여러 나라에 유람하시며 그 정치 제도의 실제 실행을 실천하고 실제로 보시고 십여 년 만에 조국으로 귀국하셨으나, 정치는 말할 것 없고 먼저 국민을 위한 생활과 국가의 지위 등 앞으로 닥칠 일들을 생각하면 슬픔으로 인해 북받쳐 나오는 눈물을 견디지 못하올 듯하다. 우리는 일개 국민의 목소리로 환영하는 마음을 우러러 널리 알리오며 환영하는 일반의 여론을 대표하기 위하여 이에 거듭 전하노라.

－《황성신문》, 1906년 4월 6일

그런데 의문점이 하나 더 있다. 아버지께서는 귀국하시던 날 궁궐로 바로 들어가지 않고 다른 곳에 머무르신 것이다. 이현泥峴에 있는 청수淸水 제일은행 본점에 들러 그 근처 여관에서 묵으셨다고 한다. 아버지께서는 그 후에도 그곳 청수여관에 자주 다니셨다. 그런데 그곳에서는 아버지를 해치려던 자객刺客이 붙들리기도 했다고 한다.

당시 상황에 대해 《공립신보共立新報》에는 다음과 같은 글이 실리기도 했다. 《공립신보》는 1905년 미국 샌프란시스코의 교포 단체인 공립협회가 창간한 신문이다.

의친왕 전하께서 환국한 후에 진고개 일본인 청수태길 씨 집에 사처를 정하시고 일본 헌병이 보호했다고 하니 당당한 대한제국 대황제 폐하의 차자次子로서 십여 년을 외국에 유람하시다가 환국하셨으니 대황제 폐하 성념에 사랑하심이 일층 더 하실 터이요, 황족 중에서도 환영할 마음이 있을 터이요, 또한 신민이라도 경애치 아니할 자 없거

늘 저 일본 사람의 사가에 해처를 정하시고 일인의 보호를 받으니 우리 한국 인민된 자 뉘 상심하고 탄식할 바 아니라오. 어찌하여 본국 경관은 보호하지 못하며 또한 황실 중에 유하실 만한 궁실이 없었으리오. 생각이 이에 이르매 상심됨이 마지 아니 하도다.

─《공립신보》, 1906년 5월 20일

(정범준, 《제국의 후예들》(황소자리) 394~395쪽 재인용)

아버지께서는 늘 시해 위협에 시달리셨던 것 같다. 몇 년 전 아버지와 각별한 친분이 있었던 황재경 목사님에게 아버지에 대해 여쭤본 적이 있다. 그분은 아버지께서 생전에 열네 번이나 시해를 당할 뻔하셨다고 말씀해 주셨다. 황 목사님은 아버지께서 수양아들로 삼으셨다고 알려졌을 만큼 아버지와 가깝게 지낸 분이다. 그 이야기를 듣고 나는 왜 아버지께서 항상 권총을 휴대하고 다니셨는지 그 이유를 비로소 알게 되었다.

귀국 후 아버지께서는 1906년 4월 8일 대한제국 육군부장으로, 같은 해 4월 19일에는 참모관參謀官으로 임명되셨다. 4월 9일에는 대훈위 금척대수훈장을 받으셨다.

의친왕 이강에게 대훈위 금척대수훈장大勳位金尺大綬勳章을 수여하는 의식을 행하였다.

─《고종 실록》, 1906년 4월 9일

그런데 4월 18일에 다시 일본에 가셔야 했다. 일본에 가서 열병식에 참가하라는 고종 황제의 분부가 있었기 때문이다. 일본에 가신 아버지는 4월 30일 '육군 개선 대관병식'에 참석하셔야 했다. 이토 히로부미와 함께였다. 이 열병식은 일본이 러일전쟁에서 이긴 것을 기념하는, 이른바 전승 행사였다. 아버지께서 대한제국의 육군부장이 되어 일본의 개선을 축하하는 자리에 서신 것은 다 이토 히로부미의 농간이었던 것 같다.

아버지께서는 나라가 기울어 가는 것에 대해 늘 한탄하셨다. 궁궐에서 부황父皇인 고종 황제를 알현하고 나오시는 날이면 피를 토하며 대성통곡하셨다고 한다. 그때 고종 황제께서도 나라를 위한 걱정에 "어떡하면 좋을까"라고 하시며 침수寢睡(잠의 높임말) 드는 방을 왔다 갔다 하며 밤을 지새우셨다고 한다.

언젠가는 조선통감이던 이토 히로부미가 아버지께 "당신을 왕으로 만들어 줄 테니 내 말만 들으라"라고 한 적도 있다고 한다. 아버지께서는 "네 이놈, 무슨 개수작이냐?"라며 호통을 치셨다고 한다. 그때 신변의 위협을 느껴 영국 공사관으로 추정되는 외국 공사관으로 피신하여 보호를 받으셨다고 한다.

아버지께서는 신변에 위협을 느끼는 가운데서도 의기 있는 행동으로 당시 날아가는 새도 떨어뜨릴 정도의 권세를 가졌던 일본 사람들을 굴복시키셨다. 이증복李曾馥 씨가 쓴 〈대동단 총재 의친왕의 비화〉라는 글에는 다음과 같은 기록이 있다.

한일합방 후 어느 날 조선 총독 데라우치寺內의 별저인 녹천정綠泉

亭에서 열린 총독의 연회에 의친왕께서 초대받아 가셨다. 그 자리에서 의친왕은 술을 마시며 기생을 껴안고 일부러 광태狂態를 부렸다. 데라우치 총독이 너무나 마땅치 않아서 정중하게 의친왕을 말렸다.

"전하, 이게 무슨 광태요? 앞으로 처신을 삼가시오."

그는 이 말을 함으로써 총독으로서 위풍을 은연 뽐내고자 하였다. 그러나 강직한 성격을 가진 의친왕은 총독의 그 말 한 마디에 꿀릴 인물이 아니었다.

술이 취한 게슴츠레한 눈초리로 데라우치를 한참 노려보더니 별안간 후다닥 일어나며 바지 주머니에서 권총을 꺼내 데라우치에게 겨누고 호통을 쳤다. 그 권총은 의친왕이 항상 가지고 다니던 것이었다.

"음, 무엇이 어째? 그래 너 죽고 나 죽자."

금세 권총을 발사할 것 같았다. 참으로 뜻밖의 일이었다. 데라우치는 자기가 한 말 한 마디에 의친왕의 고개가 푹 수그러지려니 했던 모양이다. 그런데 의친왕이 대담하게도 자기에게 권총을 겨누는 데야 할 말이 없었다. 그때 조선 왕족을 일본 황족과 같이 대우해야 하는 시절이었다. 그래서 일개 총독의 신분으로는 어떻게 제지할 수 없었던 것이다.

"전하! 잘못하였습니다. 살려주시오" 하고 할 수 없이 빌었던 것이다.

　　　　　－이증복, 〈대동단 총재 의친왕의 비화〉, 《삼천리》, 1957년 6월호
　　　　　　　　(정범준, 《제국의 후예들》 402～403쪽 재인용)

이 이야기는 나도 지밀 어머니인 의친왕비께 들은 적이 있다. 당

시 조선 총독 데라우치는 일개 자작子爵에 지나지 않았다. 신분이 높은 왕공족王公族이었던 의친왕께는 머리를 조아릴 수밖에 없었겠지만 그보다는 아버지의 당당한 기세에 눌린 것이라 여겨진다.

또 제2대 조선 총독으로, 재임 중 무단통치를 실시했고 3·1운동이 일어나자 많은 사람을 학살하여 악명 높았던 하세가와 요시미치長谷川好道와의 일화도 있다.

하세가와 요시미치가 조선 주둔군 사령관으로 있었을 때 의친왕이 하루는 찾아가서 무슨 부탁을 하였으나 사령관이 잘 들어주지 않았다. 여기에 격분한 의친왕은 그 자리에서 별안간 주머니에서 권총을 꺼내 데라우치에게 하던 식으로 "네 이놈, 그만한 일도 안 들어주려면 무엇 하러 여기 나와 있느냐" 하며 금세 쏠 기세를 보였다. 하세가와는 혼비백산하여 "전하, 시키시는 대로 하겠습니다" 하고 무수히 빌어서 위급한 찰나를 모면했다고 한다.

−이증복의 위의 기사

아버지께서는 그만큼 일본인들에게 당당하고 호방하게 대했다. 그래서인지 이증복 씨의 앞의 책에는 다음과 같은 내용도 실려 있었다.

이토 히로부미가 순종 황제에게 황위를 넘기라고 고종 황제에게 강요할 때 의친왕을 순종 대신 황제로 내세우면 어떻겠냐고 하세가와 조선군 사령관에게 상의하였다. 당시 의친왕은 술주정꾼으로 알려져 있었다. 하세가와는 "의친왕은 술만 먹고 기방 출입이나 하고 다녀서 겉으로 보기에는 자기 생각 없는 팔난봉 같지만 그 품성이 호방하여 우리가 일하는 데 어려움이 많다"라며 반대했다.

《대한매일신보》 보도에 의하면 이토 히로부미가 만주 하얼빈 역에서 안중근 의사에게 피격 살해되었을 당시 정부에서는 아버지를 사죄 특사로 일본에 보내기로 결정했다고 한다. 하지만 아버지께서 완강하게 거부하여 다른 사람을 보냈다는 것이다. 그만큼 아버지께서는 일본인들에게 고개 숙이는 일은 절대 하지 않으려 하셨다.

아버지께서는 그 무렵 항상 울분에 차서 주먹으로 방바닥을 치시며 "내가 죽어야지"라고 말씀하셨다고 한다. 그때 어머니께서 "전하, 구들장 빠지겠습니다"라며 달래시면 물끄러미 허공을 쳐다보셨다고 한다.

삼엄했던
일제의 감시

그 후 아버지의 행적은 구체적으로 알려져 있지 않다. 무슨 일들을 하셨는지 기록이 얼마 안 되어 지금은 구하기도 어렵다. 그런데 1985년 내가 서울을 방문했을 때 귀중한 자료를 얻을 수 있었다. 당시《한국일보》에 실린 나의 방문 기사를 보고 경남대학교 박물관장이던 고 박종대朴鐘大 교수님이 경상남도《거창군지》사본을 보내 주셨는데, 거기에 아버지에 대한 다음과 같은 기록이 담겨 있었다.

居 昌 郡 誌

居昌郡誌編纂委員會

┃ 거창군지

이강李堈(1877~1955)

고종의 제5남으로 호는 만오晚悟. 1891년 의화군義和君으로 봉해
지고 1894년 보빙대사로 일본에 건너가 청일전쟁의 승리를 축하하고
이듬해 6개국 특파대사로 영국, 프랑스, 독일, 이탈리아, 오스트리아
를 역방歷訪(여러 곳을 차례로 찾아가 보는 것)했다.

1899년 미국 유학 이후에 의친왕으로 진봉되고 1905년에 귀국하여
대한제국 육군부장, 초대 적십자사 총재에 올랐다.

┃ 1906년 의친왕에게 내려진 적십자사 총재 임명장

한일합방 후 독립운동가들과 접촉, 1919년 상하이 임시정부로 탈
출을 기도하여 이해 11월 상복 차림으로 만주의 안동에서 발각되어 송
환되었다. 이 사건은 일본 조야에 큰 물의를 일으켰으며 그 후 여러
차례 도일渡日을 강요당했으나 이에 응하지 않고 배일排日 사상을 고
수하였다.

의친왕은 1909년 10월 경남 거창군 소재 위천渭川에 사는, 전前 승

지承旨 정태균鄭泰均을 방문하여 한 달 동안 머무르며 이 지방의 뜻 있는 우국 청년들과 접촉하였다. 의친왕은 북상北上의 사선대四仙臺 일대를 장차 의병의 근거지로 삼으려고 막사의 터와 훈련장 등을 마련하기 위해 일부 땅을 사들이다가 탄로되어 정태균과 함께 일본 헌병에게 호송되다시피 서울로 돌아갔다.

사선대四仙臺는 이씨 왕실의 근원인 선원璿源을 사모한다는 의미로 의친왕이 사선대思璿臺라고 이름 붙였는데, 훗날 일본 사람들이 고쳐서 쓴 것이다.

| 의친왕이 한 달간 머물렀다는 경남 거창군 위천의 사랑채 전경

| 의친왕이 의병 기지로 삼으려 했던 경남 거창의 사선대 전경

지금은 타계하셨지만, 아버지의 행적을 알 수 있는 귀한 자료를
보내준 고 박종대 교수님께 다시 한 번 감사의 인사를 드린다.

명월관 기생이었던 이난향의 증언도 있다.

명월관 초기의 손님 중에서 잊히지 않는 분은 의친왕 이강 공이시
다. (중략) 의친왕이 명월관에 나타나시면 종로경찰서 고등계 주임 미
와 와사부로三輪和三郎 경부가 사복 차림으로 그림자처럼 따라다니면
서 옆방에서 감시하고 있었다. 의친왕께서는 겉으로는 주색을 가까이
하는 것 같았지만 항상 친일파와 왜놈들에 대한 적개심에 불타 있었고
일인들도 이 점을 특히 경계했던 모양이다.

옆방에 미행하는 경찰이 있는 것쯤은 아랑곳하지 않는 의친왕께서
는 일인들이 부르지 못하게 금지시킨 노래를 들으라는 듯이 크게 부
르기도 했다.

'무쇠 골격 돌 근육, 대한 남아야. 애국의 정신을 분발하여라. 다다
랐네 다다랐네. 우리나라에 소년의 활동 시대 다다랐네.'

(중략) 한번은 의친왕께서 성북동 별장에서 구신舊臣(옛날 신하)들과
함께 거나하게 술에 취하셨다. 호탕한 웃음소리에 좌흥이 한창 무르
익을 무렵, 눈살을 찌푸리신 의친왕께서 구신들을 뚫어져라 바라보시
면서 크게 호통치셨다.

'우리 아버지를 팔아먹은 놈들이 여기 있구나.'

갑자기 터져 나온 말씀에 구신들은 어쩔 줄 몰라 했고 의친왕의 성
격을 잘 아는 일부 측들은 벌벌 떨기조차 하였다.

−이난향, 〈남기고 싶은 이야기들 − 명월관〉, 《중앙일보》, 1970년 12월 30일
(정범준, 《제국의 후예들》 401쪽 재인용)

한일합방 후 아버지 의친왕은 일본 경찰의 삼엄한 감시 속에 사셔야 했다. 일본 경찰은 궁에 출입하는 사람들도 일일이 감시했고 궁 안의 일상생활까지도 들여다볼 정도였다. 그런데 그런 감시 속에서도 아버지께서는 3·1운동에 대해 손병희 선생과 의견을 나눴다고 한다. 이런 사실은 1919년 11월 24일자로 조선총독부 경무국장이 일본 외무부 차관에게 보낸 보고서에 드러나 있다.

공은 즐겨 시정잡배와 왕래하였는데 특히 이번 봄 독립운동의 우두머리 손병희와는 몰래 회합 모의하였고 손병희가 체포되자 공은 매우 낭패한 빛이 있었다고 했다.

이렇게 손병희 선생과 사전 회합을 가졌고, 3·1운동 때 독립선언서를 최초로 낭독했던 요릿집 태화관이 사동궁 바로 근처였던 것을 봤을 때 아버지께서는 3·1운동을 사전에 알고 계셨고 생각보다 깊숙이 관여하셨을 것으로 짐작된다. 앞의 보고서에서 본 바와 같이 당시 일

| 을사늑약이 무효임을 공표한 대한매일신보

제는 그런 사실들을 알고도 비밀에 붙였다. 아버지 의친왕까지 독립 만세 운동에 나섰다는 것이 알려지면 사태가 커질지도 모른다는 우려 때문이었을 것으로 생각된다.

1919년 3·1운동 후 아버지는 중국 상하이로 탈출하시다가 신의주역에서 왜경에게 발각되어 서울로 호송되었다. 그런데 당시 재판 기록을 보면 '만주 안동현安東縣'에서 잡혀온 것으로 되어 있다. 일본이 이렇게 재판 기록을 위조한 이유는 한일합방 때 맺은 조약에 '조선 왕실 보호 법규상 왕족의 국내 여행에 제한을 두지 않는다'라는 조항이 있었기 때문이다. 일본 경찰이 신의주에서 아버지를 맞닥뜨렸다면 체포할 수 없었던 것이다.

또 같은 해 11월 11일 당시 조선 총독이 일본 외무대신에게 보낸 비밀 전문에는 다음과 같이 기록되어 있다.

행방불명 중인 이강 공을 11월 11일 오전 11시 30분 신의주역에서 발견, 보호 중이다.

그 무렵 아버지는 전협全協, 김가진金嘉鎭 등이 주축이 된 대동단 大同團의 총재로 추대되었다. 대동단은 1919년 3월 말에 결성된 비밀 독립운동단이다. 11월에는 아버지 의친왕 등 33인의 명의로 〈대한민족대표 의친왕 등의 독립선언서〉를 공표하였다. 여기 그 독립 선언서 전문과 해설을 옮긴다.

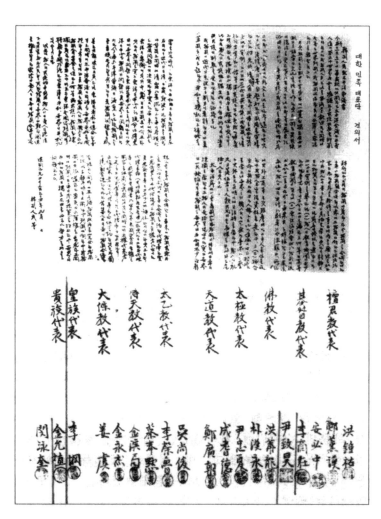

대한민족대표단 건의서 및 의친왕의 서명

大韓民族代表 義親王 등의 獨立宣言書

반만 년 역사半萬年 歷史의 권위權威와 이천만 민중民衆의 성충誠
衷으로 엎드려 아 국가我國家가 독립국獨立國임과 아 민족我民族이
자유민自由民임을 자玆에 천하 만국天下萬國에 선언宣言하고 또한
증언證言한다.

해설 반만 년 역사의 권위와 2천만 민중의 정성스러운 뜻에 의지하여 우리나
라가 독립국이고 우리 민족이 자주민임을 전 세계에 선언하고 또한 증언한다.

근역僅域 청구靑邱는 누구의 식민지植民地가 아니며 자손 려
족子孫麗族(단군의 자손, 고구려 민족)은 누구의 노예종奴隸種도 아니
다. 국가國家는 즉 동방東方의 군자君子이며 겨레는 곧 선진先進하
는 선인善人이다. 그럼에도 운運이 막혀 나라를 다스린 지가 오래
자 난亂을 일으켜 밖으로는 경탄鯨吞하는 강린强隣이 있고, 안으로
는 나라를 좀먹는 간적奸賊이 있어 오천 년五千年의 신성神聖한 역
사歷史와 이천만二千萬의 예의 민족禮義民族과 오백 년五百年의 사
직社稷이 일조一朝에 인멸湮滅하였다. 조정朝廷에는 순국殉國하는
신하臣下가 있고, 들에는 사절死節하는 백성百姓이 있다. 그러나 황
천黃天이 사랑하지 않아 국민國民에게 녹禄이 없다.

해설 조선은 남의 식민지가 아니며, 단군의 자손이자 고구려의 민족인 우리는
남의 노예의 종자가 아니다. 나라는 동방 군자요, 겨레는 앞서 나가는 좋은 사

람들이다. 그럼에도 운이 다해서 나라를 다스림이 오래되어 어지러움이 일어 났다. 밖으로는 고래가 삼키는 듯한 강한 이웃이 있고, 안으로는 병든 나라를 좀먹는 간교한 역적이 있어 5천 년의 신성한 역사와 2천만의 예의 바른 민족과 5백 년의 종묘사직이 하루아침에 사라져버렸다. 조정에는 나라를 위해 죽는 신 하가 있고, 밖에는 죽음으로 절개를 지키는 백성이 있다. 그러나 하느님이 사랑 하지 않아 국민에게 보람이 없다.

황제皇帝의 성명聲明에 갑자기 욕辱을 당하여 폐천廢遷한 사 민士民의 의거義擧는 홀연忽然히 섬족殲族의 화禍를 입고 남세가 법濫稅苛法과 학우노사虐遇奴使에 백성百姓은 생명生命을 의지依 支하지 못하게 되었다. 그리하여 이를 말하면 곧 강도强盜로서 처 벌處罰되고 십자가十字架에 매달아 이를 죽였다.

해설 황제의 발표에 갑자기 욕을 당한 백성의 의로운 항거에 곧바로 민족이 섬멸되는 화를 입었고 남발하는 세금과 가혹한 법과 노예처럼 처우하고 부림 으로써 민족이 안심하고 생명을 의지하지 못하게 되었다. 그리하여 이를 불평 하여 말하면 곧 강도로서 다스려 찢어 죽이고 십자가에 매달아 죽였다.

무릇 이는 충의忠義의 혼魂으로서 잔인지하殘忍之下에 소멸消 滅된 자者 기천만幾千萬인가. 아픔을 참고 견디며 와신상담臥薪嘗 膽한지 십성상十星霜을 지냈다. 음陰이 극極하면 양陽이 되고, 아니 가고 돌아옴은 천리天理의 호환好還으로서 죽음에 처處하여 생生을 구救하고 생각을 오래하고 깊이 하여 일어섬은 인도人道의 지정至

情이다. 세계世界의 개조改造 민족자결론民族自決論은 천하天下에 드높아져 아국我國의 독립獨立, 아 민족我民族의 자유지성自由之 聲은 우내宇內에 가득 찼다.

해설 충의의 혼으로서 잔인한 칼 아래 쓰러진 사람이 몇천 몇만인가? 원한 과 고통을 삼키고 마시며 와신상담한 지 10년이 지났다. 음(陰)이 극에 달하 면 양(陽)이 나타나고, 꽉 막힌 운수가 가면 형통한 운수가 오는 것이 자연스 러운 하늘의 이치이며, 죽을 처지에 놓이면 살길을 찾고, 오랫동안 굴복하면 일어나려 하는 것이 사람의 당연한 감정이다. 세계의 개조론인 민족자결주의 는 천하에 드높고 우리나라가 독립국이며 우리 민족이 자유라는 외침은 세상 에 가득 찼다.

어시호於是乎 삼월일일三月一日 독립獨立을 선언宣言하고 사월 십일四月十日에는 정부政府를 건설建設하였으나 완미頑迷한 그 일 본日本은 시세時勢의 추이推移를 원려願慮함이 없이 쓸데없는 시 랑豺狼의 만성蠻性을 발휘發揮하여 크게 억압抑壓을 제 마음대로 하 고 백수白手인 도중徒衆을 총포銃砲로 죽이고 성읍촌락城邑村落을 폭진暴殄하였다.

해설 이에 3월 1일 독립을 선언하고 4월 10일 정부를 세웠는데, 저 완고한 일 본은 세상 돌아가는 추이를 돌아보지 않고 표범과 이리 같은 야만적인 습성으 로 멋대로 탄압하여 비무장의 민중을 총살하고 성읍과 촌락을 불태웠다.

이 어찌 인류적人類的 양심良心으로서 참고 견딜 수 있을 것이냐. 오족吾族의 단충열혈丹忠熱血은 결決코 이 비정리적非正理的인 압박壓迫에 감축減縮되지 않고 더욱 정의인도正義人道로서 용왕매진勇往邁進함이 있을 뿐, 만일萬一 일본日本으로 하여금 끝내 이를 회개悔改함이 없다면 오족吾族은 부득이不得已 삼월일일三月一日의 공약公約에 의依하여 최후最後의 일인一人까지 최대最大의 성의誠意와 최대最大의 노력努力으로써 혈전血戰함을 사양辭讓하지 않을 것임을 자滋에 성명聲明한다.

해설 이 어찌 인류적 양심으로서 참고 견딜 수 있겠는가. 우리 민족의 붉고 뜨거운 충성심은 결코 이처럼 올바른 이치에 어긋나는 압박에 위축될 바가 아니요, 더욱더 정의와 인도로 용감히 나아갈 뿐이다. 만일 일본이 끝내 잘못을 뉘우치지 않는다면 우리 민족은 부득이 3월 1일의 공약에 따라 최후의 한 사람, 최후의 한 순간까지 최대의 성의와 최대의 노력으로 혈전을 불사하고자 이에 선언하노라.

대한민국 원년 십일월 大韓民國 元年 十一月

대한민족대표 의친왕 이강 등 33인

이후 김가진은 아버지께 함께 상하이로 망명할 것을 권했다. 이 상황에 대해서 김가진 며느리의 증언이 남아 있다.

시아버님(김가진)은 당시에 의친왕 이강과 친근한 사이였으며 사돈까지 맺기로 약속한 사이였다. 왕의 친동생인 이강이 함께 망명길에 오른다면 그것이 미치는 영향이 막대할 것으로 믿었다. 그리고 그를 움직일 수 있다면 막대한 자금도 가지고 갈 수 있을 터였으므로 그야말로 일석이조의 효과를 얻을 수 있었을 것이다. 시아버님은 이강에게 자신의 결의를 전했으며 동행할 것을 권유했다. 이강은 이에 쾌히 승낙했으나 선뜻 출발하는 것은 쉽지 않았던 모양이다.

－정정화(鄭靖和),《녹두꽃》

(정범준,《제국의 후예들》409쪽 재인용)

이때 김가진은 자신의 아들 김의한金毅漢 편에 쪽지를 써 의친왕께 보내고 10월 10일 상하이로 떠났다.

'소인은 이제 상하이로 떠나오나 장차 전하도 함께 모시기를 도모하나이다.'

실패로 끝난
상하이 탈출 시도

아버지 의친왕께서 상하이로 탈출하려다 실패한 상황에 대해서는 《대동단실기大同團實記》라는 책에 자세히 실려 있다. 적지 않은 분량이지만 아버지의 독립운동 행적과 관련한 것이므로 그 내용을 간추려 여기 옮긴다.

이강 공이 해외로 나가기 위해서는 신분을 숨기는 공작이 필요했다. 그러기 위해서는 자신만의 힘으로써는 불가능한 일이요, 탈출을 도와줄 동지가 필요했다. 이처럼 자금 면에서나 탈출의 방법에서 자신의 힘으로써는 불가능하다는 사실이 김춘기와 그의 동료이자 상하이 임시정부의 내무 차장인 강태동의 루트를 통하여 상하이에 있는 김가진에게 전달되었다. (중략) 김가진은 이강 공이 해외로 탈출할 뜻이 있다는 사실을 탐지하자마자 임시정부 요원인 이종욱을 서울로 파견하여 강태동과 접선하게 하였다. 서울에 도착한 이종욱은 강태동의 소개로 김춘기를 만났다. (중략) 김춘기는 이강 공이 상하이로 탈출하기 위해서는 20만 원 정도의 자금이 필요하다고 말했다. 20만 원이 불가능하다면 우선 10만 원만 있어도 출국이 가능하다고 의친왕의 뜻을 전했다. 그러나 이종욱으로서는 그만한 자금을 마련할 길이 없었다. 그렇다고 해서 그 막중하고도 엄청난 일을 중도에서 포기할 수도 없었다. 그러나 그에게는 마지막 카드가 아직 남아 있었다. 그것은 대동단의 힘을 빌리는 것이었다. 이종욱은 대동단 단장 전협을 방문하여 의친왕의 상하이 탈출을 위한 계획과 그간의 경위를 설명해 주고 도움을 요청했다. 전협은 이강 공이 상하이로 탈출하여 임시정부와 합류할 수 있다면 국내외적으로 커다란 효과를 불러일으킬 수 있으리라고 생각하고 이종욱의 복안을 기꺼이 응락했다.

(중략) 이강 공과 전협의 만남이 드디어 이루어졌다. 날짜는 1919년 11월 9일, 장소는 공평동 3번지의 월세 40원에 두 달 동안 임시로 빌린 집이었다. (중략) 약속 시간인 저녁 8시가 되었지만 이강 공은 나타나지 않았다. 의화궁義和宮으로 은밀히 사람을 보내 보았으나 공은 처소에 없었다. 그날 밤 그는 비밀리에 저택을 벗어나 공평동으로 가고자 했으나 중도에서 일본인 형사를 만난 것이 마음에 걸려서 곧바로 공평동으로 가지 못하고 이문동에 있는 소실 김정완金貞完의 집에 머물고 있었다. 밤이 이슥해지자 이강 공은 공평동 3번지에서

기다리고 있는 전협에게 사람을 보내어 이문동에서 만나겠다는 뜻을 전했다. 당황한 전협은 급히 정운복을 이문동으로 보내 공을 모셔 오도록 했다. (중략) 이강 공은 정운복으로부터 아무 일이 없다는 통보를 받고서야 이문동 소실 집의 뒷문을 빠져나와 마차를 타고 공평동에 나타났으니 그때의 시간이 이미 11시가 넘었다.

(중략) 단원들은 정운복을 이끌고 이강 공이 있는 방으로 들어왔다. 정운복은 이강 공을 향하여 "전하! 결심하소서"라고만 말할 뿐 두려움에 질려 더 이상 말을 잇지 못했다. 두려움에 떠는 것은 이강 공도 마찬가지였다. 그는 전협의 무리도 두려웠고 경찰이 자기를 미행하고 있을지도 모른다는 사실에도 두려움을 느끼고 있었다. (중략) 전협은 "우리 독립 정부에서 전하를 기다린 지 이미 오래입니다. 오늘 그 시기가 도래하여 모시러 왔습니다. 전하가 결심하시는 대로 곧 출발하겠습니다"라고 설득했다. (중략) 어느 정도 시간이 지나 마음이 진정된 이강 공은 전협을 향하여 강태동이란 인물을 잘 아느냐고 물었다. 전협은 자신과 김가진과의 관계를 설명하고 강태동은 김가진이 보낸 밀사로서 이미 자기들과 연루되어 있다는 사실을 고백했다. 그제야 이강 공은 상하이로 망명할 뜻을 밝혔다.

(중략) 전협은 이강 공의 이름으로 다음과 같은 글을 발표하도록 했다.

유고諭告(나라에서 결단하여 실행할 일을 백성들에게 알리는 글)
통곡하며 우리 2천만 민중에게 고하노라. 오호嗚呼라(슬프도다). 이

번의 만주행은 무슨 이유인가? 하늘과 땅끝까지 이르는 깊은 원수를 갚으려 함이요, 뼈가 부서지고 창자가 찢어지는 큰 수치를 씻으려 함이라. 지난날 선제(고종 황제) 폐하의 밀지를 받들어 바로 일어나려 했으나 형연극벽荊延棘壁의 체자掣刺(가시밭과 같은 고통에 처할 짓)를 생각하여 이를 숨기고 아직 수행하지 못했더니 희세稀世(세상에서 보기 드문)의 대 흉한兇漢(악당)은 선제를 그 독수毒手로 시해했도다. 희噫라(탄식하노라). 생명을 보전하여 무슨 일이 있으리오. 오직 스스로가 죽지 못함이 한恨이었도다. 이때를 당하며 개세융운闓世隆運(세상을 계도하고 운을 일으킴)의 사私가 없으며 우리 2천만 민족의 생사가 중대한 시기를 맞이하여 앞의 함정도 뒤의 채찍도 돌보지 아니하고 궐연蹶然히(힘차게) 나는 궐기했노라. 오로지 민중은 한뜻으로 나와 함께 궐기하고 분발 전진하여 삼천리의 응기膺基를 극복함으로써 2천만의 치욕을 설雪하고(눈처럼 하얗게 씻고) 공통적 세운世運(세상의 운세)의 도래를 맞이함에 후퇴하지 말라. 오호 만세.

건국 4252년(서기 1919년) 11월 9일

의친왕 이강

글을 읽어 본 이강 공이 먼저 자리에서 일어났다. 결심하기까지가 어려운 일이었지 일단 결심한 이상 더 거칠 것이 없었다. 의친왕의 결심이 내려진 이상 더 지체할 필요가 없었다. 전협은 미리 준비해 두었던 헌 옷가지를 펴내어 변복하기 시작했다. 일세를 풍미하던 왕자의 모습은 간 곳이 없고 초라한 여행자로 꾸민 이강 공은 자신의 모습을 자조적으로 돌아봤다. 협수룩한 양복에 중절모를 눌러쓰고 노란 수염까지 단 이강 공의 모습에서 왕자의 흔적을 찾을 수 없었다. (중략) 뒤처리가 끝나자 일행은 대문을 나섰다. 인력거는 두 대가 준비되어 있었다. 앞 차에는 이강 공과 전협이 탔다.

(중략) 고양군 은평면 구기리에 있는 최성호의 집에 머무는 동안 그들 사이에는 무거운 침묵만이 흘렀다. 이강 공이 침묵을 깨고 입을 열었다.

"(중략) 이태왕(고종)의 붕어崩御(임금이 세상을 떠남)는 그들에 의해 독살되신 것으로, 그들은 아버지의 원수이므로 어떻게 하든 그 원수를 갚지 않으면 안 된다. 국가에서도 나는 주인집의 일원으로서 보통 사람의 열 배, 스무 배 일하지 않으면 안 되겠으나 내가 여기서 일한다는 것은 불가능하므로 조선 이외의 곳으로 가지 않으면 안 된다. 그러므로 나는 지금부터 외국으로 나가 외교 방면에 후원하지 않으면 안 된다. 그것을 위해서는 돈이 필요한데 그 돈이 없었기 때문에 갈 수 없었으나 그 돈도 마련되었고 길 안내할 사람도 있으니 진실로 고마운 일이다."

(중략) 그런데 출발에 앞서 예상치 않은 돌발 사태가 발생했다. 즉 그의 소실 수인당 김흥인과 간호원인 최효신을 데려오지 않으면 갈 수 없다고 이강 공이 요구하는 것이었다. 전협을 비롯한 일행은 망연자실하여 할 말을 잃었다. 잠시의 시간이 지난 후 전협은 이번 거사에 여자에 대한 정을 개입시키는 것은 옳지 못함을 간곡히 아뢰었다. 그러나 이강 공의 요구는 전혀 근거 없는 일이 아니었다. 이강 공의

말에 의하면 그는 선왕으로부터 프랑스 채권 증서 120만 원어치와 기타 중요 국가 문서를 받았는데 그것이 지금 수인당 김씨에게 맡겨져 있다는 것이다. (중략) 타국으로 망명하는 지금의 처지로서 그 정도의 돈은 필요할 뿐만 아니라 자기가 떠난 이후에는 그 채권이 어차피 소용없이 될 것이니 수인당으로 하여금 그 채권을 가져오도록 하는 것이 득책이라고 설명했다.

이강 공의 주장은 강경하고도 간곡했다. 전협은 일단 수인당으로 하여금 채권 증서와 국가 서류를 가져오게 하는 것이 유익하다고 생각했다. 그리하여 전협은 급히 이재호를 시켜 수인당을 모셔오도록 했다. 수인당 앞으로 "상의할 일이 있으니 겁내지 말고 이 하인을 따라서 오되 가방 두 개를 가지고 오라"라는 한글 편지를 써주었다.

(중략) 9일 아침 10시가 되어 수인당 김씨와 최효신이 두 개의 가방을 가지고 도착했다. (중략) 나이 스물다섯이 된 수인당은 이강 공의 초췌한 모습을 바라보며 어떤 음모가 진행되고 있다는 사실을 눈치챘다. 수인당의 애처로운 모습을 바라보는 순간 이강 공은 그를 데리고 상하이로 가겠다는 결심을 더욱 굳히게 되었다. (중략) 이강 공을 설득하는 데는 상당한 노력과 시간이 필요했다. 전협은 타협안으로 일단 이번에는 이강 공만 탈출하고 가까운 시일 안에 수인당과 최효신을 상하이로 데려가겠다고 굳게 약속함으로써 이강 공은 자신의 고집을 양보했다. (중략) 이러는 동안에 11시가 지나 9일 11시에 떠나는 안동행 열차를 놓치고 말았다. 전협은 쫓기는 몸으로서 초조하기 이를 데 없으나 다시 하루를 더 기다리는 수밖에 없었다.

(중략) 길고도 초조한 9일의 하루가 지나가고 10일 아침이 되었다. (중략) 당초 출발지는 남대문역이거나 용산역으로 논의가 있었으나 이목이 빈번한 도심지보다는 일산역이나 수색역이 좋으리라는 판단에 따라 승차역이 변경되었다. 구기리를 떠나며 이강 공은 다음과 같은 시 한 수를 남겼다.

늦은 가을 밝은 바람 단풍 소리
네 소리 처량하고 네 빛 어여쁘다
네 소리 그치지 말라 우리 ○○○○○ 성
네 빛 변치 말라 우리 형제 ○○ 붉은 빛
나는 네 소리 빛 따라 이로부터 죽을 때까지

(○은 일제강점기 검열로 삭제된 부분)

(중략) 일행 5명은 수색역을 출발하는 10일 오전 11시발 안동행 열차에 몸을 실었다. (중략) 안동현에 도착하면 그곳 경찰서장 마쓰모도松元가 이강 공을 잘 알고 있었기 때문에 각별히 신경을 썼다. 이강 공의 품속에는 임시정부에 그의 이름으로 보내기 위해 전협이 작성해 준 다음과 같은 내용의 친서가 준비되어 있었다.

나(의친왕)의 상하이에 가려함은 아래와 같은 네 가지 항의 목적을 위함이라.

(1) 일본은 몇몇 간적奸賊(간교하고 악독한 도둑)을 부동符同(그른 일

을 하기 위해 몇몇이 한 통속이 됨)하여 나의 모후母后(명성황후)와

부황父皇(고종)을 시弑했나니 이 원정冤情(원통함)을 열국에 호

소할 일

(2) 3월 1일 이래 국민이 적수공권赤手空拳(맨손)으로 독립을 규

호叫號(큰 목소리로 부르짖음)하는데 일본은 종시終始(처음부터 끝

까지) 정의와 인도人道(인간의 도리)를 무시하고 학살을 자행하

나 인민은 백절불굴의 세勢(기세)로 독립을 요구하는 세혈勢血

(피의 기세)이 갈수록 비등하니 우리 국민의 정신은 결코 일본

에 동화되지 아니할 것을 선포할 일

(3) 일본이 우리나라에 대하여 10년 전후에 제반 조약으로 국토

를 병합함이 간적을 이용하여 협박 체결이고 결코 부황의 긍

종肯從(기꺼이 따름)하심이 아닌 것을 나는 확실히 아는지라 이

것을 세계에 공포할 일

(4) 나 역시 한국민의 하나이라, 이는 독립되는 우리나라의 평민

이 될지언정 합병한 일본의 귀족 되기를 원치 않는지라. 우리

임시정부가 성립된 당지當地(바로 그곳)에 가서 정부 의원으로

손을 잡고 생사를 함께 하여 우리나라 완전 독립에 노력하여

동포의 고심苦心(몹시 애태우며 마음 씀)을 만분의 일이라도 돕고

자 하노니 나의 이러한 결심은 하나는 복수를 위함이요, 다른

하나는 조국의 독립과 세계의 평화를 위함이로다.

안동행 열차가 순조로이 북상하고 있을 즈음 서울에서는 이미 이

강 공의 잠적으로 경무국에 비상이 걸려 있었다. (중략) 기차가 안동 역에 도착했을 때 승강장에는 이미 수많은 경찰이 깔려 있었다. 이 때 요네야먀米山 경부는 급히 개찰구로 나아가 길목을 지키고 있었 다. 드디어 허름한 복색을 차린 이강 공이 나타났다. 이강 공도 그 곳에 이미 수사망이 펼쳐 있는 것을 알았다. 이강 공은 역 구내의 찻 집으로 일단 몸을 숨겼다. 그러나 그것도 잠시뿐, 요네야마 경부가 다가왔다.

"전하, 어디로 가십니까?"

이강 공은 몹시 당황했다. 하지만 애써 태연한 척했다.

"전하라뇨? 사람을 잘못 보셨습니다."

그러나 요네야마는 속지 않았다. 그는 종로경찰서에 근무하면서 창덕궁에 드나든 적이 있어 이강 공의 얼굴을 너무도 정확히 알고 있 었다. 그는 즉시 경찰을 불러 이강 공을 둘러싸 체포했다.

— 신복룡, 《대동단실기》(선인) 128~152쪽

여기서 말하는 중국 안동은 지금의 단둥丹東을 말한다. 단둥은 압록강 어귀에서 상류 쪽 약 35킬로미터 지점으로 1965년까지 안동 이라 불렸던 곳이다. 《대동단실기》에서는 아버지 의친왕께서 안동 역에서 체포되셨다고 했고 앞에 소개한 조선 총독의 비밀 전문에는 '11월 11일 오전 11시 30분 신의주역에서 발견, 보호 중'이라 했다. 안동은 신의주와 마주 보고 있다. 두 자료의 내용이 정확하게 일치

하지는 않지만 아버지 의친왕께서 중국으로 탈출하기 위해 기차를 타고 국경 근처까지 가셨던 것은 분명한 것 같다.

| 상하이 임시정부에서 발행한 독립신문

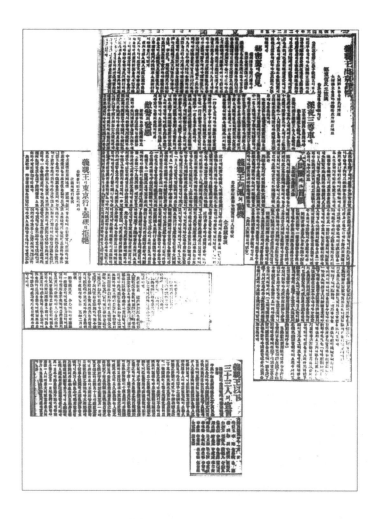

탈출 실패 후
갇혀버린 의친왕

그런데 일본 경찰들은 어떻게 신의주 혹은 안동까지 가신 아버지를 찾을 수 있었을까? 여러 가지 자료를 종합해 보면 다음과 같은 정황으로 정리된다.

11월 9일 오전 10시쯤 아버지는 인력거를 타고 궁을 빠져나가셨다. 아버지를 감시하던 형사들은 인력거 뒤를 쫓았지만 명월관 지점 부근에서 놓치고 말았다. 형사들의 보고를 받은 일본 경찰은 아버지께서 궁에 계시는지 확인하라고 이왕직 사무관 구로자키 테이죠黑崎定三에게 연락했다.

오후 세 시쯤 구로자키는 아버지께서 궁에 계시다고 알렸다. 직접 확인한 것은 아니고 어머니 의친왕비께 물었더니 "전하는 아무 탈 없이 잘 계시다"라고 대답하셨다는 것이다. 경찰은 다시 확인할 것을 요청했다. 결국 다섯 시쯤 아버지께서 궁에 안 계시다는 것을 확인했다. 다음 날 명월관 지점 주인 황원균이 "의친왕께서 명월관 지점까지 오셔서 인력거를 타고 어딘가로 가시는 것을 보았다"라고 증언했다.

그날 밤 미와三輪 경부는 아버지께서 이문동의 소실 집에 계시다는 것을 알아냈다. 그러나 그때 미와는 아버지가 그 집에서 하룻밤 머무르는 것으로 생각했다. 그래서 감시를 소홀히 한 것이다. 미와가 방심한 틈을 타 아버지께서는 공평동 3번지 전협의 숙소로 가셨다.

10일 아침 일본 경찰은 아버지께서 이문동에도 안 계시다는 것을 알게 되었다. 경무국에는 비상이 걸리고 당시 한인 형사로서 가장 수완이 좋다는 김태석에게 사건을 맡겼다. 김태석은 의친왕비의 동생인 김춘기 아저씨가 강태동을 자주 만났다는 것을 알게 되었다.

강태동은 구기리에서 아버지 의친왕 일행과 헤어져 서울로 돌아와 있었다. 그는 이미 경찰의 주목을 받는 인물이어서 그의 거처를 알아내는 것은 어렵지 않았다. 김태석은 시내의 한 여관에 묵고 있던 강태동을 찾아갔다. 김태석이 여관에 들어섰을 때 강태동은 세수를 하고 있었는데 물에 젖은 신발을 신고 있었다. 그걸 본 김태석은 강태동이 새벽에 서울 교외에 있는 어느 산길에 다녀왔을 것이라고 짐작했다. 의친왕이 탈출하려면 기차를 탔을 것이고, 그 방향이 상하이 쪽이라고 가정할 때 서울 교외에 있는 기차역은 수색역밖에 없었다.

본서로 돌아온 김태석은 수색역 부근을 뒤지라고 명령하는 한편

신의주 경찰서에 타전하여 의친왕의 탈출을 막도록 하였다. 신의주 경찰서에서 무전을 받은 사람은 일본인 요네야마 米山 경부였다. 그는 급히 차를 몰아 가까스로 서울발 안동행 열차에 올라탔다. 기차 안에서 검문을 시작했지만 사람이 워낙 많아 안동역에 도착할 때까지 검문을 끝내지 못했다. 그래서 역 승강장에서 아버지를 체포했다는 것이다.

한편 어머니 의친왕비께서 아버지의 행방을 숨긴 상황에 대해 당시 경찰의 고위 간부였던 지바 료 千葉了는 다음과 같이 증언했다.

경위과에 있는 자를 이강 공 저택에 보내 구로자키 테이죠라는 이왕직 사무관에게 면회하여 전하가 계시는지 안 계시는지 확인시켰습니다. 그런데 오후 세 시경 제게 답변이 왔는데, 구로자키 사무관의 답변에 의하면 전하께서는 분명히 저택에 계시다는 회답이었습니다.

그는 비妃 전하를 배알하여 전하께서 계시는지 안 계시는지 여쭈었다는 것인데, 비 전하가 전하께서는 아무 탈 없이 잘 계시다고 대답하셨다는 것이 하나의 근거이고, 또한 재부在否(계시는지 안 계시는지)를 확인하기 위해 서류를 결재해달라고 내시를 들여보냈는데, 전하께서는 결재는 나중에 해도 좋지 않겠느냐고 말씀하셨다는 것이 두 번째 근거라는 것이었습니다.

나는 구로자키 사무관의 말이 너무 불확실하여 안심하고 받아들일 수가 없었습니다. 그래서 "어떠한 희생을 치르더라도 사무관 자신이 전하의 모습을 직접 뵙고 말씀드리지 않는 한, 한 걸음도 물러서면 안 된다. 만약 그로 인해 책임 문제가 발생하면 내가 경비상 필요하여 이러한 요구를 했다고 말할 것이고 그로 인해 발생하는 모든 문제에 대해서는 어떠한 책임이라도 내가 지겠다. 그러니 어떤 어려움을 무릅쓰고라도 꼭 전하의 모습을 확인할 수 있는 방법을 알선토록 하라"라고 강경하게 구로자키 사무관에게 요구하였습니다.

구로자키 사무관은 어디서라도 좋으니 이강 공 전하의 모습을 잠깐이라도 뵙게 해달라고 비 전하에게 강경하게 말씀드렸다는 것입니다. 그러자 비 전하는 드디어 입을 여시고 "그렇게까지 말씀하신다면 사실을 말씀드리지 않을 수 없군요. 실은 전하께서 어젯밤 집을 나가셨습니다. 그러나 아시는 바와 같이 경찰이 주위를 경계하면 오히려 전하가 돌아오시기가 어려울 것이라고 생각되니 제발 경찰 쪽에는 비밀로 해주었으면 합니다"라고 비 전하의 부탁 말씀이 있었다는 것입니다.

– 조선총독부, 《조선통치비화》 발췌 인용

(정범준, 《제국의 후예들》 422~423쪽 재인용)

아버지가 궁에 없다는 사실을 어머니 의친왕비께서 숨기셨다는 것을 통해 두 가지를 짐작할 수 있다. 하나는 어머니께서도 아버지의 탈출 사실을 이미 알고 계셨다는 것이다. 다른 하나는 아버지께서 어머니께 그 사실을 알리고 뒷일을 미리 대비하셨을 만큼 망명에 적극적이었다는 점이다.

체포 후 아버지께서는 용산에 있는 조선군 사령부에 끌려가서 취조를 받으셔야 했다. 조사를 받고 난 후에도 총독 관저 근처에 있는 녹천정綠泉亭에 갇히는 신세가 되고 말았다.

아버지 의친왕께서 상하이로의 탈출에 실패한 후 한 달쯤 지난 1919년 12월 14일, 사이토 총독에게 다음과 같은 편지를 보내셨다. 표면상으로는 당시 왕실을 관리하던 관청인 이왕직에 대한 불만을 토로한 내용이었다.

물론 지금의 관점으로 보면 아버지가 무리한 요구를 한 것으로 보일 수도 있다. 일과 시간 후나 휴일에 이왕직의 근무자가 없는 것을 탓하는 내용 등이 그렇다. 하지만 아버지께서 사시던 궁은 24시간 시중드는 사람이 있던 곳이다. 그런 곳에서 사셨던 아버지의 입장에서는 퇴근 시간 후에는 업무를 볼 수 없는 새로운 시스템이 어이없게 여겨지셨을 수도 있다. 어쨌든 이 편지의 내용으로 당시 아버지가 처했던 상황과 답답한 마음을 짐작할 수 있다.

이하 게재한 것은 모두 요즘 사건(상하이 탈출 사건) 이전에 있었던 일이다.

하나, 모든 이왕직의 일본과 조선의 관리가 내게 불친절, 무례 경멸하는 일이 있다. 사람을 보아도 인사도 없이 모른 척하거나, 나에 관한 일이라면 대개 반대하고 윤덕영과 가까운 당파의 몇 사람과 조선인 사무관 서너 명이 심하게 대하는 일.

하나, 이왕직 관리 등이 어떤 일도 확실한 증거가 없으면 알고 있는 일도 모른다든지, 들은 적 없다는 식으로 둘러대거나 입을 다무는 일.

하나,. 아무리 재산을 없애기 위해 몰래 감독할 수 있다고 하더라도 공식적으로 금치산자가 된 것도 아니고, 표면적으로 감독을 받은 적도 없음에도 불구하고, 도적을 감옥에서 대우하는 것과 마찬가지로 문을 폐쇄하거나 경찰 이상의 집요한 조사를 하고, 본인이 개봉하도록 되어 있는 편지를 열어 보거나 전해 주지 않거나 하는 일이 실로 괴로운 일.

하나, 당장이라도 할 수 있는 많은 일, 해야만 할 일, 사줄 수 있는 것, 반드시 없어서는 안 될 것을 청구해도 곧 해준다고 해놓고 이삼일 지연시키거나 또는 한 달 또는 아무것도 해주지 않는 일이 있어도 함구하는 일.

하나, 생활하는데 밤중 또는 급히 할 일이 있어도 사무소가 닫히면 다시 열릴 때까지 기다리지 않으면 안 되고, 사무소가 닫히기 전이라 할지라도 관계자가 없으면 어찌할 도리가 없고 일요일 등에는 항상 할 수 없는 번거로운 일.

하나, 특별히 주목받는 일은 어쩔 수 없지만 음험한 생활상 또는 신변에 관한 비밀이 있는데도 어떤 작은 일이라도 조사하거나 알고 싶어 하는 것이 실로 괴로운 일.

하나, 타인의 재산을 가지고 관할하는 사람들이 주인의 체면 유지상 사용하는 일 또는 인정상 어쩔 수 없이 사용하는 일이 있어도 쩨쩨하다면서 체면을 손상시키거나 또한 멋대로 처리하는 일도 있고, 모리스 소송 사건(서대문 밖의 땅을 모리스에게 판 것을 둘러싼 소송)과 관련하여 1만 엔을 착복했다는 소문도 있고 신마치新町 토지에 집을 세웠다고도 함.

하나, 이왕직의 전속 상인이 모든 것을 사무소에 지시하는데, 물품이 대개 좋지 않고 가격이 매우 비싸더라도 사가지고 오고, 나쁘니까 바꾸어 오라고 해도 항상 그 외에는 없다고 같은 물건을 가지고 오는 것은 어이없음.

하나, 이왕직의 관리들은 이와 같은 일은 결코 없었다고 할지도 모르는데 증거가 없기 때문임.

하나, 이왕직의 사람 등이 위에 쓴 것을 알고 있다면, 나를 매우 미워하며 얼마나 혹독하게 대할까 하는 걱정이 있음.

하나, 나에 관해 다소 동정해 안쓰럽다고 생각해 주는 사람들은 왕세자 전하와 함께 하는 관리들과 궁내부 사무관 다케다武田尙 또는 군사령관 우쓰노미야 타로宇都宮太郎 각하 정도가 있고, 경관으로는 와타나베渡辺 경시 등이 있음.

— 오타베 유지, 《낙선재의 마지막 여인》(동아일보사) 222~224쪽

일본의 귀족이 아닌
조국의 평민으로 살겠다

일본은 아버지 의친왕을 가두는 데서 그치는 것이 아니라 아예 일본으로 데려가려고 했다. 그런데 아버지께서는 이에 완강히 거부하셨다고 한다. 당시의 상황과 아버지의 심정은, 아버지께서 일본 총리와 내무대신, 총독 등에게 보낸 편지에 잘 나타나 있다. 이 편지들은 1920년 6월 4일자 《신한민보新韓民報》에 실려 있는데, 다음은 그 내용을 현대 국어로 옮긴 것이다. 《신한민보》는 당시 미국에서 발행되던 신문이다.

일본에 가자는 강박을 거절

차라리 평민으로 고국에서 죽을지언정 일본의 더러운 공작을 마다하고 결심하여 한국 각처에서 남녀노소가 일심 단결하여 국권 광복에 많은 희생이 있는 중에 의친왕을 중심으로 하고 서울에 있는 유림들과 원로들 중에서도 광복 활동에 은근한 활동을 시험하는 일을 탐문한 일인들은 의친왕 전하를 동경으로 유인하여다가 가둬 한 일생을 허송시키려 계획을 정하고 혹은 글로 혹은 경관을 보내어 위협하였으나 조금도 굴하지 않고 정중한 책망을 하였는데 그 전문을 아래에 기록함(중미 통신사 통신).

일본 총리대신에게 보낸 글

전일의 편지는 보셨을 듯하며 일전에 경관이 졸지에 와서 동경으로 이사하기를 아울러 내가 자원하여 가기를 압박하니 이와 같은 일은 실로 가당치 않으오며 이와 같은 일은 죄수나 다름이 없는지라. 궁액窮厄(재앙과 액운으로 고생함)한 정세는 이에서 더 심함이 없고 조영을 욕되게 함이 이에 극하여 송황悚惶함(지위나 위엄에 눌리거나, 높은 은혜와 덕이 분에 넘쳐 어렵고 두려움)이 마지않아 하도다. 내가 말하건대 살피사 이 잔명殘命(남은 수명)을 공작公爵의 지위에서 떠나 평민으로 남은 나를 지나게 하면 실로 나의 원하는 바로다.

일본 내무대신에게 보낸 글

전에 보낸 편지는 아마 보셨을 듯하오며 폐구閉口(입을 다묾)에 들어 있어 용서하기를 기다릴 뿐이더니, 불의에 경관이 와서 나를 동경으로 가며 또는 자원하기를 강박하니 마음에 원치 아니하는 바를 말하라 함은 이 어떤 이유오니까. 경관이 나를 대접하기를 죄수랑 다름 없이 하니 더럽고 서러움이 극도에 달한지라 자원컨대 불초하여 존영을 욕되게 하였도다. 전에 간청한 바를 다시 청하노니 천폐天陛(일왕)에 품하여 잔민을 공작에서 삭철하사 평민으로 남은 세월을 선영 고국에서 마치게 하심을 천만 지원하나이다.

총독 사이토에게 보낸 글

전에 보낸 글은 아마 보셨을 듯하며 회답을 받지 못하여 생각을 알지 아니하노라. 일전 경기도청 제3부장이 글을 가지고 와서 질문하니 어찌하여 이와 같이 지난 것을 알 수 없으나 내왕을 말하여도 왕작이 자제하거늘 경관이 어찌 죄수와 같이 나를 대접하리오. 분탄憤嘆(매우 분하게 여김)함을 마지않아 하노라. 또 경관이 나를 동경으로 이사하라고 압박이 어찌 이같이 심한가. 이사로 말하면 각하에게 말한 바가 없으며 작금의 정세가 공작의 칭은 실로 영전을 더럽게 함이니 원컨대 평민이 되어 남은 세상 지나기를 밤낮으로 바라는 바이로다.

국민에게 권고하는 글

합심 단결하여 국사에 일치 진력하며 사혐私嫌(개인적인 혐오)을 품지 말고 근신하여 신용을 잃지 말며 자긍 자만치 말고 상벌을 분명

하여 인심을 수습하며 민기를 발양하고 죄를 엄히 하며 능을 사하여
반상의 권세를 불고하며 공으로 의지하여 훈을 실하고 욕을 방하며
원을 개하고 류를 절하며 신일로 본을 하여 사사에 성공하기를 밤낮
으로 희망하나이다.

아버지께서는 다음 해 1월에야 사동궁으로 돌아오실 수 있었다.
일제의 감시는 더욱 심해졌다. 이때 일에 대해 어머니 의친왕비께서
는 다음과 같이 말씀하셨다.

어느 날 갑자기 일본 헌병들이 지밀로 들어와서는 이렇게 말했
다고 한다.

"이제부터 가택 수색을 해야겠으니 모든 열쇠를 내주십시오."

이 말을 듣고 어머니께서는 벌컥 화를 내셨다.

"이 무엄한 놈들아, 여기가 어디라고 감히 들어와? 너희가 나에
게 열쇠를 내놓으라고 해? 옜다, 여기 있으니 어디 가져가서 다 뒤
져 봐라."

어머니는 무거운 열쇠 뭉치를 대청마루에 내던지셨는데 그 쇳소
리가 온 집 안에 벼락 치듯 울려서 일본 헌병들은 물론 집안 식구
들까지 깜짝 놀랐다고 한다. 그 소리에 일본 헌병들은 대청마루에
떨어진 열쇠 뭉치를 주울 생각도 않고 슬그머니 사라졌다고 한다.

지밀 대청에서 방으로 들어가는 장지문에는 안을 들여다볼 수 있
는 조그만 유리창이 하나 달려 있었다. 이상해서 어머니께 여쭤봤다.

"여기에 왜 이 유리창이 달려 있습니까?"

"그건 네 아버지께서 연금당해 계실 때 일본 헌병이 아버지의 일 거일동 一擧一動을 감시 감독하기 위해 만들어 놓은 것이란다."

어머니의 설명을 들었을 때는 물론 아직도 이해되지 않는 점이 있다. 연금이 풀린 지 수십 년이 지나도록 왜 그 유리창을 없애지 않고 그냥 두었을까 하는 점이다.

아버지께서는 1922년 전주 이씨 대동종약원소(지금 종약원의 옛 명칭)를 설립하시고 초대 총재로 취임하셨다. 이외에도 1920년 이후의 아버지 의친왕의 공식 행적은 《순종 실록 부록》에서 찾을 수 있다. 《순종 실록 부록》은 일제강점기 이후의 일을 담은 실록으로 1910년 이전의 일을 기록한 《순종 실록》과 구별된다.

찬시贊侍 남작男爵 한창수韓昌洙를 총독부總督府로 보내어, 이강 공李堈公이 군 사령부軍司令部에서 근무하도록 명을 받은 일에 대해 사례謝禮한다는 것을 전해달라고 하였다.

  −1921년(순종 14년) 5월 9일

이강 공李堈公을 대훈위大勳位에 서임敍任하고 국화 대수장菊花大綬章을 하사하며, 이강 공李堈公의 비妃와 이희 공李熹公의 비를 훈勳 2등에 서훈하고 보관장寶冠章을 하사한다는 궁내성宮內省의 통지가 있었다.

  −1924년(순종 17년) 1월 10일

사동궁 지밀 안방에서의 의친왕비. 의친왕이 대동단 사건 이후 연금되어 있을 때 일본 헌병들이 이 방 장지문에 조그만 유리창을 내고 수시로 방안을 살폈다고 한다.

이강 공李堈公과 본직 장관本職長官 남작男爵 민영기閔泳綺, 찬시贊 侍 남작男爵 한창수韓昌洙, 부무관附武官 자작子爵 이병무李秉武, 후 작侯爵 박영효朴泳孝 · 이완용李完用, 백작伯爵 이지용李址鎔, 자작子 爵 윤덕영尹德榮 · 민영휘閔泳徽, 남작男爵 이재극李載克에게 내직소內 直所에 가서 탕제湯劑를 의논하여 정하라고 명하였다.

－1926년(순종 19년)

위의 실록을 통해 아버지 의친왕께서 1921년부터 일본군 사령부에 근무하였고 1924년에는 일본으로부터 훈장을 받았다는 것을 알 수 있다. 또 순종 황제가 돌아가신 1926년까지 그의 곁을 지켰다는 것도 알 수 있다. 일본군의 간부까지 지냈지만 아버지에 대한 일본의 감시는 느슨해지지 않았다. 훈장도 그 수여를 빌미로 아버지를 일본에 데려다 놓고 감시하기 위해서 준 것 같다.

1992년에 대한민국정부기록보존소가 발간한 《일제문서해제선집》에는 그 철저한 감시의 내용이 밝혀져 있다. 이 책은 조선총독부가 만든 문서 중 선별하여 그중 해제를 붙인 것이다. 그중 〈경비관계철警備關係綴－이강공비 양전하 관계〉라는 문서가 있는데, 이 문서에는 '1929년에서 1931년까지 3년간에 걸친 의친왕 이강 부부에 대한 일본 경찰의 감시 일지 서류철'이라는 설명이 달려 있다. 나의 부모님의 동태를 매일매일 살펴서 경기도 경찰부장 명의로 조선총독부 경무국장에게 보고한 내용이라는 것이다. 감시는 다음과 같은 방식으로 이뤄졌다.

이강 공이 그의 생일을 기해 국내 주요 온천지와 관광지를 찾아 행차함에 언제나 출발 시각과 도착 시각, 접견 인사, 수행자의 주변 동정 등 일거수일투족을 놓치지 않고 기록하고 있다. 즉 여관에 투숙하여 식사, 목욕, 대담한 내용은 물론 저녁의 술상에 동석한 기생 또는 여급의 신상 조사까지 모두 살피고 정확한 취침 시각을 몇 시 몇 분이라고 표기할 정도였다.

　　　　　　　　　　　 −총무부 정부기록보존소 편, 《일제문서해제선집》

　　　　　　　　　　　 (정범준, 《제국의 후예들》 436쪽 재인용)

　　1929년 총독부가 주최한 조선박람회 개회식에 아버지 의친왕께
서 참석하셨다는 기록도 있다. 경복궁 경회루에서 열린 이날 개회
식 단상에는 사이토齋藤 총독을 중심으로 아버지와 일본 황족을 대
표한 강인노미야閑院宮가 양쪽에 앉았다고 한다. 그날 재미있는 상
황이 연출되었던 모양이다.

　　강인노미야는 당시 세계 왕족 중에서 가장 잘생긴 사람으로 유명
했다. 그런데 단상에 같이 나란히 앉은 것을 보니 어둠침침한 중에도
의왕의 얼굴이 달덩이같이 훤하고 기품이 있어 보이는 반면에 강인노
미야는 얼굴의 윤곽은 잘생겼으나 가무잡잡하고 빈약한 것이 의왕과
는 비교도 되지 않았다. 더구나 개회식이 파해서 일어섰을 때 강인노
미야는 훤칠한 키의 의왕 이강 공의 어깨밖에 닿지 않아 너무 작고 초
라해 보였다.

　　이날 참석한 조선 사람들은 일본의 미남을 압도한 이강 공의 늠름
한 기상이 너무 자랑스럽고 '비록 나라는 없어도 사람은 우리가 훨씬
낫다'라는 자부심에 흐뭇해했다.

　　　　　　　　　　　 −강용자, 《왕조의 후예》(삼신각) 175쪽

해방 후에도 그치지 않은
고난의 삶

내가 컬럼비아대학교 동양학 도서관에 있을 때, 옛날 일본 관보 官報에서 아버지에 관련된 기사를 우연히 발견하였다. 1930년 왕실 전범典範에서 '이강李堈 공 은퇴'라는 기록을 찾은 것이다. 1930년 은 내가 태어난 해이기도 하다. 그때부터 아버지를 '이강 공 전하殿 下'라고 하지 않고 그냥 '이강 전하'라고만 부르게 된 이유를 알게 되 었다. 그런데 도대체 무슨 이유로 그들이 아버지를 강제로 은퇴시켰 는지는 알 수 없었다. 이에 대해 늘 궁금하던 차에 서울대 사범대학 의 김기석金基錫 교수로부터 정보를 얻었다.

"뉴욕에 있는 공공도서관에서 당신 아버지인 의친왕에 대한 기 록을 보았습니다."

교육 자료 수집차 미국에 온 그로부터 이런 이야기를 듣고 당장 달려가 자료를 찾아봤다. 그 자료는 아버지께서 강제 은퇴당하실 때 그들에게 어쩔 수 없이 써주신 각서覺書였다. 각서는 전부 일본어로 되어 있었다.

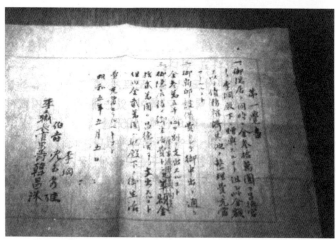

일제에 의해 강제로 쓰인 의친왕의 은퇴 각서

의친왕은 은퇴하고 공의 칭호와 모든 재산을 큰아들인 이건李鍵에게 물려준다. 은퇴 후에는 일본에 머물러야 하며 일본 국내에서는 자유로이 여행할 수 있다. (중략) 의친왕에게는 30만 원을 지불하고 의친왕비에게는 매년 12만 원씩을 생활비로 지급한다.

하지만 왜 그런 각서를 쓰셨는지에 대해서는 여전히 알 수 없었다. 또 각서의 내용이 사실인지에 대해서도 의문이 생겼다. 일본에서만 살 수 있었다는데 나는 어릴 때 우리나라에서 아버지를 뵀던 기억이 있다. 사실 여부를 알기 위해 둘째 언니인 해원 언니에게 물어봤다.

"당시 아버지께서는 하는 수 없이 일본 규슈九州 지방에 가 계셨다. 그때 수길壽吉 오빠의 생모인 수인당(김흥인 여사)을 데리고 가셨지. 그런데 아버지께서 일본에 얼마나 머무르셨는지는 나도 기억이 잘 안 난다."

수인당은 아버지와 가장 오래 함께 산 후실이다. 아버지께서 독립운동을 하실 때 모든 일을 함께하신 것 같다. 1996년 아버지 의친왕과 어머니 의친왕비의 묘소 이전을 위해 서울에 갔을 때 수길 오빠의 부인인 김신덕 여사는 시어머니인 수인당 김씨에게 수없이 많이 들었다는 아버지의 행적에 대해 말해 주었다.

의친왕께서 잔치를 벌인다고 기생들을 불러올 때마다 기생들을 태우고 온 인력거꾼들이 독립군 밀사였고, 이들은 의친왕과 골방에서 밀담을 나누셨다.

내 나이 세 살 때 아버지를 기다리다 못한 나의 생모가 어린 나를 들쳐 업고 일본으로 아버지를 찾아가셨다고 하니 그때도 아버지는 일본에 계셨던 것 같다.

해방이 된 후에도 아버지의 삶은 여전히 답답하고 우울하기 짝이 없었다. 해방이 된 후 구황실재산관리법이 제정되면서 왕실 소유의 재산이 모두 국유가 되었다. 생활이 더욱 곤궁해진 데다 왕실에 대한 이승만 대통령의 냉대까지 겹쳤다. 그런 상황에서 아버지께서는 생활고와 울분으로 좌절의 나날을 보내실 수밖에 없었다.

이승만 대통령은 전주 이씨로 양녕대군의 후손이다. 그러나 그는 해방된 후 '조선 왕실이 무능하여 나라를 빼앗겼으며 영친왕 이은은 백성을 돌보지 않고 일본에서 편하게 살아온 친일파다'라는 식으로 왕실과 영친왕을 매도해 버렸다.

－강용자,《왕조의 후예》259쪽

심지어 의친왕을 왕위 계승자로 추대해야 한다는 움직임이 일어서, 조용히 계시던 아버지께서는 괜한 구설수에 휘말리기도 하셨다.

왕실이 복권되거나 군주가 직접 정치를 하는 세상이 아니지만 왕실의 상징적인 계승자는 있어야 한다는 것이 당시 조국을 다시 찾은 많은 사람의 의견이었다. 그래서 일부 종친과 주변 사람들이 "영왕은 일본에서 일본 황족의 딸과 결혼한 친일파이므로 구황실의 계승권은 마땅히 의왕이 물려받아야 한다"라고 주장하고 미군정 장관 딘 소장 앞으로 진정서를 보냈다.

이 정보는 낙선재의 윤비와 운현궁의 흥왕(고종의 맏형님)비 귀에도 들어가 왕실의 두 어른은 크게 화를 내며 "영왕 전하는 태황제의 뜻으로 세자가 되었고 어려서 볼모로 일본에 끌려갔는데 이제 와서 친일파니까 세자가 아니라니 말이 되느냐?"라며 펄펄 뛰었다.

당시는 좌우로 갈린 사람들이 서로 의왕과 영왕을 자기들의 고문으로 추대하려 갖은 유혹과 모략, 협박까지 하던 때였으므로 의왕은 가만히 앉아서 이런 구설수에 휘말리게 된 것이다.

−강용자, 《왕조의 후예》 273쪽

아버지께서는 세상을 뜨시기 얼마 전 가톨릭에 귀의하셨다. 나중에 제2공화국의 총리를 지낸 장면 씨를 대부代父로, '비오'라는 세례명을 받으셨다.

아버지 의친왕께서는 1955년 8월 16일 새벽 네 시에 지밀 어머니와 내가 지켜보는 앞에서 운명하셨다. 78세 되시던 해였다. 아버지께서 돌아가시기 하루 전날은 해방 10주년이 되는 날이었다. 일제강점기에는 일본 제국주의자들에게, 해방된 후에는 황실을 견제하는 사람들에게 시달리고 만년에는 전쟁과 가난과 절망감에 좌절하던 아버지께서는 그렇게 염원하던 해방된 조국의 번영을 보지 못하고 돌아가셨다.

아버지 '이 비오'의 장례 미사와 영결식은 8월 20일 오전 10시 명동성당에서 열렸다. 노기남 주교가 장례 미사를 집전했다. "임금님이 돌아가셨다"라며 흰 갓을 쓰고 상복을 입은 시골 노인들이 성당으로 몰려와 엎드려 통곡했다. 다른 문상객은 많지 않았고 정부에서도 별 관심을 갖지 않았다.

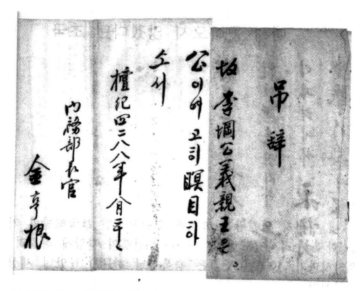

▎ 내무부 장관이 보낸 의친왕 장례식 조사

대한제국의 황제릉

　대한제국 황제릉인 홍릉과 유릉은 경기도 남양주시 금곡동에 나란히 조성되어 있다. 홍릉洪陵은 고종 황제와 명성황후의 능이고 유릉裕陵은 순종 황제와 순명효황후, 순정효황후의 능이다.

　조선 왕릉과 황제릉의 가장 큰 차이점은 사초지 위에 초계, 중계, 하계의 구분이 없고 혼유석, 장명등석, 망주석 한 쌍을 제외한 석물들이 사초지 아래 참도 좌우로 늘어서 있다는 점이다. 또, 정자각 대신 일자형의 건물인 침전이 있다. 침전은 임금의 숙소라는 뜻으로 제사를 지내는 공간인 왕릉의 정자각과는 용도가 다른 건물이다. 지붕 형식 또한 정자각처럼 맞배지붕이 아니고 팔작지붕으로 바뀌었다. 이런 구성은 명나라 태조의 효릉을 참고한 것이라고 한다.

　홍살문부터 정자각에 이르는 왕릉의 참도는 신도와 어도 두 단으로 이뤄져 있다. 그런데 황제릉의 참도는 가운데가 높고 양 옆이 한 단 낮은 삼도이다. 가운데가 혼령들이 다니는 신도이고 왼쪽은 황제가 들어가는 어도, 오른쪽은 제후국의 왕이나 신하들이 들어가는 길이라고 한다. 참도 양옆으로 문석인, 무석인, 기린(상상의 동물), 코끼리, 사자, 해태, 낙타, 말 등의 석물들이 대칭으로 서 있다.

고종은 1919년에, 순종은 1926년에 세상을 떠났다. 이때는 이미 일본에 의해 대한제국이 망하고 난 후였다. 그런데 어떻게 황제릉이 조성될 수 있었을까?

홍릉을 황제릉으로 조성하도록 계획을 세운 사람은 고종 황제였다. 대한제국을 세운 후 고종은 명성황후의 국장을 성대하게 치르고 서울 청량리에 홍릉을 조성하였다. 이때의 홍릉은 정자각 대신 일자형 침전이 만들어진 것을 빼고는 전통 조선 왕릉의 형식을 따랐다. 그런데 1900년 6월 고종은 명성황후의 능을 옮기기로 결정하였다. 표면적인 이유는 청량리의 홍릉 자리가 풍수지리적으로 허하기 때문이라고 했다. 하지만 그보다는 훗날 자신이 함께 묻힐 황제릉을 만들고자 했지만 청량리의 홍릉 자리가 좁아서 옮길 계획을 세운 것으로 보인다.

고종은 중국 황제릉을 참고한 대한제국의 독특한 황제릉 형식을 직접 만들었다. 능의 규모와 자리를 결정하고 세부적인 사항까지 계획하여 금곡에 거의 모든 설비를 갖추어 놓았다. 이후 거듭되는 정치적 혼란과 경제적 어려움 때문에 고종의 생전에 천봉이 실현되지 못했다. 하지만 고종이 미리 준비해 놓은 덕에 국권을 상실한 1919년 금곡에 황제릉을 조성할 수 있었다.

홍릉은 명나라 태조의 효릉을 '참고하여 만든' 것이지 그대로 '본뜬' 것은 아니다. 그렇게 볼 수 있는 근거 중 하나는 침전의 건축에서 찾을 수 있다. 청량리의 홍릉에도 정자각 대신 침전을 세웠다. 이

때 고종이 직접 '침전'이라는 용어를 사용하며 일자형 건축을 지시했다. 그때는 고종이 '칭제'를 결정하기 전이었다. 이때 황제릉을 염두에 두고 침전을 세운 것이 아니라, 비명에 세상을 떠난 황후를 위해 특별한 대우를 하려는 마음에서 세운 것으로 보인다. 또 정자각만 일자형 침전으로 바꿨다는 점에서 중국 황제릉의 형식을 도입한 것으로 볼 수 없다.

1904년 세상을 떠난 순종의 원비 순명효황후의 유강원에도 침전이 있었다. 당시 유강원은 황후의 능이 아니라 황태자비의 '원'이었을 뿐이다. 고종은 황태자비의 이른 죽음을 안타깝게 여겨 특별히 홍릉과 같은 침전을 조성하도록 명을 내렸다. 현재 유릉의 침전은 순명효황후의 무덤 유강원에 있던 침전을 옮겨 세운 것이다.

고종은 조선 왕릉의 전통을 계승한 대한제국의 황제릉 형식을 새롭게 창안하였고, 순종의 유릉은 홍릉의 형식을 그대로 이어서 만든 능이다. 이로써 대한제국 황제릉의 제도가 확립될 수 있었다.

하지만 홍릉과 유릉은 원래 황제들의 능호가 아니다. 홍릉은 명성황후의 능호였다. 한일합방이 되면서 조선의 황실을 이왕가李王家로 격하시켜 버린 일본은 고종의 능호를 따로 만드는 것을 허락하지 않았다. 그래서 명성황후와 합장하고 홍릉이라는 능호를 쓰게 되었다. 순종 역시 일본의 방해로 능호를 받을 수 없었다. 순종이 즉위하기 전에 별세했던 순명효황후의 묘소 유강원을 유릉으로 추봉했는데 이 유릉을 지금의 금곡으로 천장하고 순종과 함께 합장하여 순종의 능도 간신히 유릉이라 불리게 된 것이다. 훗날 순종의 계비

순정효황후도 유릉에 합장되어, 유릉은 조선 왕릉 중 유일하게 봉분
하나에 세 사람이 합장된 동봉삼실형의 능이 되었다.

− 김이순, 《대한제국 황제릉》(소와당) /

황인희, 《역사가 보이는 조선왕릉기행》(21세기북스) 참고

무덤의 종류	구분	비고
능(陵)	왕과 왕비, 그리고 추존된 왕과 왕비, 황제와 황후의 무덤 ※ 남한에 40기의 왕릉이 있고, 북한에는 10기의 왕릉이 모셔져 있음.	50기
원(園)	왕세자와 왕세자빈, 왕을 생산한 후궁과, 왕의 사친 즉, 종실로서 임금의 자리에 오른 임금의 생가 어버이의 무덤	15기
묘(墓)	왕의 아들과 딸, 왕의 후궁 등의 무덤	64기

▍왕족의 무덤(사단법인 전주이씨대동종약원, 《2017 조선왕릉 제향 봉행》 참고)

제5부

나의 어머니
의친왕비

궁중의 법도와 결혼한
어머니

연안 김씨인 어머니 의친왕비는 연흥부원군 김제남金悌男의 후
손이시다. 김제남은 선조의 계비였던 인목대비仁穆大妃의 친정아버
지이다. 인목대비는 19세에 선조대왕의 계비가 되어 영창대군을 낳
았다. 영창대군은 열네 명이나 되는 선조의 아들 중 유일한 적자嫡
子였다. 그런 이유로 선조는 영창대군을 지극히 사랑하였다. 당시
이미 공빈 김씨의 소생인 광해군이 세자로 책봉되어 있었다. 선조
가 광해군을 폐세자하고 영창대군을 세자로 옹립하려 했다고 말하
는 사람들도 있다.

그러다가 선조가 갑자기 죽고 광해군이 즉위하였다. 그런데 광해
군을 지지하는 대북파大北派 일당의 음모로 김제남과 나이 어린 영
창대군이 역적으로 몰려 죽임을 당했다. 광해군의 어머니뻘이었던

인목대비는 폐서인廢庶人이 되어 서궁西宮에 유폐되고 말았다. 이 때 인목대비의 친정 동생 세 사람도 모두 옥사했다고 한다.

그 후 1623년 서인西人들이 인조반정仁祖反正을 일으켰다. 선조의 다섯째 아들인 정원군定遠君(후에 원종으로 추존)의 아들 능양군綾陽君을 옹립하고 유폐 중인 인목대비에게 옥새玉璽를 바쳤다. 인목대비는 능양군을 임금으로 인정해 주었다.

인목대비는 인조반정 덕분에 대왕대비로 복위하였다. 하지만 왕실과의 혼인인 국혼國婚으로 빚어진 멸문滅門의 참화慘禍는 돌이킬 수 없었다. 친정아버지와 남동생 셋을 비롯한 수많은 일가붙이가 이때 목숨을 잃었기 때문이다. 그래서 인목대비는 친정집에 서신을 보내 경계하였다.

"앞으로도 대대로 왕실과 혼인하지 마라."

어머니 의친왕비의 친정아버지 김사준金思濬 공은 바로 그 연안 김씨 연흥부원군 김제남의 10대손이다. 그래서 그는 자신의 딸과 의친왕 사이의 혼담이 오가자 고종 임금에게 상소를 올렸다.

"인목대비의 유훈遺訓에 따

| 의친왕비의 부친인 김사준 공

라 국혼을 사양하겠습니다."

그러나 고종 임금께서는 어머니의 후덕한 성품과 단아한 용모를 어여삐 여기셔서, 사양하는 김사준 공을 거듭 설득하여 국혼을 관철시키셨다고 한다.

어머니 의친왕비 연안 김씨의 아명은 '숙淑'이고 호적상 성함은 '김덕수金德修'이다. 의친왕께서 아직 의화군이던 1892년 삼간택을 거쳐 아버지와 혼인하시고 연원군부인延原郡夫人으로 봉해지셨다. 아버지께서는 어머니를 언제나 '군부인'이라고 부르셨다. 어머니께서 공식적으로 '의친왕비'로 책봉되신 때는 시숙媤叔인 순종이 황제가 되셨을 때였다.

그런데 인터넷 〈위키백과〉에는 의친왕비를 '덕인당 김씨'라고 적어놓았다. 그것은 잘못된 것이다. 원래 정비正妃에게는 당호를 붙이지 않는다. 당호는 측실에게만 내려주는 호칭이다. 어머니는 정비이시기 때문에 '의친왕비' 자체가 호칭이다. 어머니는 나라에서 정식으로 '의친왕비'로 책봉받으셨으므로 덕인당 김씨라고 부르는 것은 그분을 모독하는 행위이다.

그리고 요즘 아무에게나 '마마'라는 호칭을 쓰는데 이것도 잘못되었다. '마마'는 왕과 왕비 이외에는 누구에게도 써서는 안 되는 호칭이다. 대군이나 군에게도 '대감'이라 불렀다. 그래서 어머니도 왕비가 되기 전에는 '군부인'으로 불린 것이다.

어머니께서는 어릴 때부터 성품이 어질고 사리에 밝을 뿐만 아니라, 학문에도 뛰어나셨다고 한다. 《맹자孟子》를 줄줄이 암송했고 붓

글씨에 조예가 깊어 해서楷書를 매우 잘 쓰셨다고 한다.

어머니께서 내게 남겨 주신 작은 책자를 보면 '의친왕비는 경진 11월 21일(양력 12월 22일) 탄생. 3세에 임오군란으로 피란. 고양 땅 침헌 묘막에서 14세에 궁에 들어옴'이라고 쓰여 있다.

어머니께서는 가끔 간택 당시의 일을 들려주시곤 했다.

"내가 어린 시절 살던 고양은 시골이었다. 외동딸이었던 나는 만날 남자 형제들과 밖에서 뛰어놀았고 장난이 심해서 우물에 빠진 적도 있었다. 그런데 어느 날 내가 시집간다고 준비하는 꿈을 꾸었다. 꿈속에서 신랑이라는 사람은 뒷모습만 보았고 남색 치마에 노랑저고리를 입은 여자들이 시중을 들고 있었다. 그런 꿈을 꾼 지 얼마 안 되어 간택령揀擇令이 내려졌다.

두 번의 간택을 거쳐 세 번째로 서울로 올라와 궁궐에 들어가게 되었다. 궁에서 보내준 비단으로 급히 옷을 지어 입고 가마를 타고 궁궐에 가는 것이었다. 궁으로 출발하기 전에 어머니께서 내게 '그곳에 들어가서 눈을 뜨면 큰일 나니 눈을 꼭 감고 고개를 숙이고 있어라'라고 말씀하셨다. 그래서 나는 궁궐에 들어가서 눈을 꼭 감고 있었는데 임금님이 나오셔서 내 앞에 오시더니 '눈을 뜨고 나를 쳐다보아라'라고 하셨다. 나는 너무 무섭고 떨려서 잠깐 눈을 뜨고 쳐다 뵙고 금방 감아 버렸다.

그 후 내가 최종 간택되었는데 아버지(김사준 공)는 '우리 연안 김씨 가문은 인목대비 이후로 국혼을 않기로 되어 있습니다. 이는 인목대비의 지엄한 유훈이오니 헤아려 주십시오'라고 아뢰었다. 그랬더니 황제께서 '그때에 그런 일이 있었으나, 이미 다 지나간 일이니 괘념하지 말고 앞으로 다시 한 번 잘해 보자'라고 달래시어 하는 수 없이 네 아버지와 결혼을 하게 되었다. 내가 그렇게 왕실로 시집을 가게 된 것이다. 그 꿈에 본 신랑이 네 아버지였고 남치마에 노랑저고리 입은 여자들은 다 후실이었나 보다."

▎궁중 대례복 차림의 의친왕비

어머니는 이처럼 모든 일을 자신에게 주어진 숙명으로 알고 너그럽게 이해하려고 노력하셨다. 간택되어 궁궐에 들어간 후 시어머니이신 명성황후께서 어머니를 무척 사랑해 주셨다고 한다. 사인교四人轎(네 사람이 메는 가마)를 타고 가실 때는 어머니를 무릎에 안고 앉으셨다고 한다. 어머니는 얼마나 체구가 작으셨는지 그분 시집올 때 입으셨던 옷을 내가 일곱 살 때 물려 입을 정도였다.

어머니께서는 열넷의 어린 나이에 궁궐에 들어오신 후 큰 행사가 있을 때는 궁에서 입는 대례복大禮服을 입으셨다고 한다. 그런데 그 옷이 얼마나 무거운지 언제나 궁녀 한 사람이 뒤에서 머리를 붙들어야 했다고 한다.

또 어머니께서는 일제의 자객으로부터 명성황후 할머니께서 시해弑害를 당하셨을 때의 끔찍했던 체험을 나에게 들려주셨다.

"별안간 난리가 났다고 달아나야 한다고 하여 궁에서 일하는 사람인 정감이 이끄는 대로 담으로 갔다. 그랬더니 그 담을 뛰어넘어야 한다며 나를 담 위에 올려놓고 자기는 훌쩍 담을 뛰어넘어 가서 엎드리는 게야. 그러고는 자기 등에 뛰어내리라고 했다. 그가 남자인데 어떻게 사나이의 잔등을 밟고 뛰어내릴 수 있겠니? 그래서 그 옆 맨 땅으로 뛰어내렸는데 나중에 알고 보니 그 옆에 큰 바위가 있어서 만약 그 바위 위로 떨어졌으면 나는 죽었을 게다."

결혼하신 지 얼마 지나지 않아 아버지께서는 오랫동안 외국에 나가 계셨다. 그래서 어머니께서는 매일 궁의 예법과 법도를 배우시며 혼자 궁을 지키셨다. 특히 궁에서 자란 상궁들은 언제나 모든 일에 "이러시면 아니 되옵니다, 저러시면 아니 되옵니다"라고 공손히 말하면서도 사사건건 간섭을 했다고 한다. 그래서 어머니에게는 그들이 시어머니보다 더 어려운 존재였단다. 나는 어머니의 말씀이 충분히 공감되었다. 나 역시 어린 시절 그런 간섭을 진저리나도록 겪었기 때문이다.

한번은 어머니께서 이런 말씀도 하셨다.

"너의 아버지께서 밤에 지밀에 가만히 들어오시면 안 상궁은 '전하 들어오십니다'라며 온 곳에 불을 켜고 마중을 한단다. 그럼 아버지께서 들어오시다가 나가버리신단다. 그리고 한 상궁이 '전하 들어오십니다'라며 불을 다 끄고 속삭이면 또 그 소리를 들으신 아버지께서 나가버리신단다."

이렇듯 두 분은 같이 계시기가 어려웠던 모양이다. 그 때문이었
는지 어머니에게는 소생이 하나도 없으셨다. 하지만 아버지께서는
여러 여자로 하여금 많은 아기를 얻으셨다. 그리고 자신의 아이를
낳은 궁인에게 당호堂號(거처하는 집의 이름)를 내려 주셨다. 그것이 궁
중의 법도였다. 수관당, 수인당, 수현당, 수경당, 수덕당, 수완당,
수길당 등이 그분들의 당호였다. 그런데 당호를 받은 것도 1922년
8남 경길이의 어머니 수경당이 마지막이었다. 그래서 그 이후에 아
버지의 아이를 낳은 나의 생모는 당호를 받지 못했다.

| 의친왕 (이강)　　　1877. 3. 20 ~ 1955. 8. 16 ||||||||
| 의친왕비 (연안 김씨)　1878. 12. 22 ~ 1964. 1. 14 (자녀 없음) ||||||||
순위	왕실이름	아명	호적명	생존연대	생모	기타	손자
1남	건	용길		1909~1991	수관당 정씨		충, 기
2남	우	성길		1912~1945	수인당 김흥인	운현궁 양자	청
3남	방	홍길	해진	1914~1951	수현당 정운석	후손 없음	
4남	창	창길	해직	1915~사망	조병숙	완평궁 양자	일주, 석주
5남	택	수길	해일	1918~1982	수인당 김흥인	대궁 양자	한주, 호
6남	곤	명길		1920~사망	수인당 김흥인		준
7남	광	형길	해청	1921~1952	수은당 송씨	계동궁 양자	
8남	현	경길		1922~1995	수경당 김씨	후손 없음	
9남	갑	충길	해룡	1938~뉴욕	함씨		상협, 상우
10남	석	영길	해석	1940~서울	홍정순		
11남	환	문길	해선	1944~미국	김혜수		성준
12남	정	정길	해준	1947~미국	홍정순		

1녀	영	길순	해완	1915~1981	수덕당 이회춘		
2녀	진	길운	해원	1919~미국	수덕당 이회춘		
3녀	찬	길연	해춘	1920~서울	수완당 김정완		
4녀	숙	길영	해숙	1920~사망	수길당 박영회		
5녀	공	길상	해경	1930~뉴욕	김금덕		
6녀	장	회자	회자	1940~미국	김혜수		
7녀	용	숙기	해란	1944~남미	홍정순		
8녀	현	숙향	해련	1950~서울	홍정순		
9녀	민	창희	창희	1953~미국	김혜수		

너희 아버지 곁에 묻힐 사람은
나 하나뿐이다

아버지께서는 여러 여자가 낳은 아이들의 양육 문제를 모두 지밀 어머니께 맡기셨다. 아버지 의친왕의 자녀들은 대개 궁 밖에서 생모와 살았다. 하지만 생모가 일찍 세상을 떠나거나 사정이 있어서 생모가 기르지 못하는 아이들은 어머니 의친왕비께서 거둬 주셨다. 나를 비롯하여 큰오빠 건, 7남 형길이 어머니께서 길러 준 아이들이었다. 9남 충길이는 아버지께서 돌아가시고 내가 미국으로 떠난 후 몇 년 동안 어머니께서 데리고 사셨다고 한다.

지밀 어머니께서는 '전하의 아기들'이라며 우리를 소중히 여기셨다. 아기들을 일일이 돌봐 주시는 것은 물론 생모들에게까지 마음을 써주셨다. 그러는 동안 그분의 속은 썩어 문드러지지 않았을까 싶다.

지밀 어머니께서는 '의친왕 전하'를 위하여 태어났고 그분만을 위하여 살다 가신 분이다. 언제 오실지 모르는 전하를 위해 언제라도 오시면 잡수실 수 있게 음식 준비를 해놓으셨다. 새것을 보면 전하를 위해 아껴 두고 먹을 것이 거의 못 먹게 될 때까지 기다리셨다.

아버지께서는 1930년 은퇴당하시고 사동궁의 명의를 큰오빠 건에게 물려주신 이후에는 늘 밖에 나가 사셨다. 정초나 당신 생신 같은 특별한 날, 혹은 병환이 나서 어의의 보살핌을 받아야 할 때 외에는 궁에 머무르지 않으셨다. 그러나 오실 때는 반드시 후실과 그의 아이들을 데리고 오셨다.

궁에 오신 아버지께서 아침 수라상을 받으실 때 어머니와 내가 그 곁을 지켰다. 그런데 그때 아버지 수라상 말고 또 다른 상 하나가 후실과 그 아이들이 있는 뒷방으로 들어갔다. 그걸 보고 내가 어머니께 여쭤봤다.

"어머니도 아직 진지를 안 드셨는데 왜 밥상이 저기에 들어가나요?"

"귀여운 아이들이 밥도 안 먹고 있는데 네 아버지 입에 밥이 들어가겠니?"

어머니께서는 아버지를 기쁘게 해드리기 위해 아버지께서 진지를 잡수실 때 그들도 똑같이 먹을 수 있도록 그들이 있는 침간寢間에 밥상을 들여보낸 것이다.

그런 어머니의 심정을 아버지께서도 다 헤아리고 계셨던 것 같다. 겉으로는 어머니를 박대하는 것 같고 어머니께 직접 말씀은 못하셨지만 언젠가 친척 중 한 분에게 자신의 속마음을 털어놓으신 적이 있다고 했다.

　　험악한 분위기 속에서 이리저리 시달림을 받는 마마(의친왕비)의 처량한 심정을 헤아려 다정한 위로를 하고 싶어도 누설이 되면 마마를 에워싸고 보다 불리한 일이 생길 것을 예측하고 있으므로, 내심에 미덥고 소중할지라도 남 보기에 법으로 비 전하의 위신을 세워주는 데 불과한 것 같이 무관심한 표정으로 지낼 수밖에 없었다.

－최은희, 《한국개화여성열전》

(정범준, 《제국의 후예들》 447쪽 재인용)

어머니께서 내게 남겨 주신 유언장 같은 작은 노트가 하나 있다. 거기에 후실들에 대해 이렇게 써 놓으셨다.

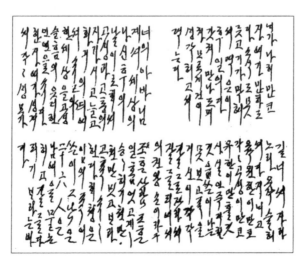

의친왕비가 친필로 쓴, 후손들에게 남긴 유훈 형식의 글

'수관당 정씨, 수인당 김씨, 수덕당 이씨, 내가 친히 기른 사람들이고 내 좋은 동무들이다. 수길당, 수완당, 수경당, 수현당, 다 각 궁의 시녀상궁.'

내가 일하던 컬럼비아대학교의 도서관에서 의친왕비의 친정아버지인 김사준 공에 대한 기록을 우연히 찾기도 했다. 일본 사람에게 작위를 받은 사람들 명단에 들어 있었던 것이다. 그 기록은 다음과 같다.

'친왕비의 부친으로 남작男爵의 작위를 받았지만 독립운동을 하다가 빼앗겼는데 자세한 것은 알 수 없다.'

이 기록을 본 후 귀국하였을 때 의친왕비의 조카이자 나에게는 외사촌 오빠인 김종한金鍾漢 씨에게 사연을 물었더니 다음과 같이 말했다.

"내 할아버지는 의친왕 전하와 독립운동을 하시다가 경찰에 체포되어 옥고를 치르셨지요. 감옥에서 나오신 후 곧 돌아가셨어요."

자세히 알아보니 그분께서는 당시 경기도 고양읍 대자리(현재 경기도 고양시)에 있는 산을 팔아 독립군에 군자금을 보내셨다고 한다. 그것이 발각되어 1915년 일제로부터 수여받은 작위를 박탈당하시고 징역 1년형을 선고받으셨다. 그리고 복역 중 병으로 석방된 후 돌아가셨다는 것이다.

한국사료연구소에서 뒤늦게 발굴한 조선총독부의 《조선통치사료》에 의하면 김사준 공께서 작위를 박탈당한 사건은 거대한 독립운동 사건이었다고 한다. 조선보안법 사건으로 알려진 이 사건을 모의했던 우국지사들과 고종 황제를 연결시킨 사람은 아버지 의친왕과 김사준 공이었다는 것이 밝혀졌다. 이때 의친왕께서도 이 사건에 깊이 관여되었으나 일이 커지는 것을 두려워한 일제는 김사준 공의 작위를 박탈하는 선에서 사건을 축소했다고 한다.

그 아드님 김춘기金春基 아저씨는 1919년 아버지 의친왕의 상하이 탈출 사건에 연루되셨다. 그래서 해방될 때까지 아무 일도 못하고 고통스러운 나날을 보내셨다고 한다. 그때 누님인 의친왕비가 사시는 사동궁에서 지내셨다. 어머니께서는 이런 일에 대해서도 나에게 말씀하신 적이 없다. 아무 말씀 없이 친정 동생과 조카들까지 궁으로 데려다 보호하신 것 같다.

| 의친왕비의 동생 김춘기 씨

어머니 의친왕비께서도 아버지와 마찬가지로 천주교에서 세례를 받으셨다. 세례명은 '마리아'였다. 어머니께서는 무엇이든 열심히 믿으시는 분이셨다. 그래서 신앙생활도 열심히 하셨다. 가톨릭 신자가 되기 전에는 불교를 믿으셨는데, 매일 아침 염주를 천 번씩 돌리고 낮에 두 시간씩 참선을 하셨다. 그런 삶이 가톨릭 영세 후에는 묵주 기도와 묵상하는 생활로 바뀌었을 뿐이다.

아버지가 돌아가신 후 홀로 남겨진 어머니께서는 이승만 정부의 냉대 속에 안국동 별궁마저도 떠나셔야 했다. 한동안 화양리에 있던 아버지 묘의 재실齋室에서 지내셨다. 5·16군사정변 이후에는 서울 종로구 궁정동에 있는 칠궁七宮으로 옮겨가셨다. 칠궁은 조선 시대에 왕위에 오른 아들을 둔 후궁의 위패를 모신 곳이었다. 생활은 여전히 곤궁했다.

어머니께서는 2년여를 신앙생활에 의지하여 마음의 안정을 얻고 지내시다가 1964년 1월 14일에 돌아가셨다. 향년 85세였다. 빈소에는 박정희 대통령이 보내 준 조화가 놓였다고 한다. 장례는 7일장으로 치러졌고 명동성당에서 노기남 대주교가 영결 미사를 집전했다.

돌아가시기 얼마 전인 12월 22일은 어머니의 여든네 번째 생신이었다. 수많은 황실 가족의 축하를 받은 어머니께서는 "오래 살기를 잘했어"라는 말씀을 되풀이하셨다고 한다. 어머니께서는 내 어릴 적에 늘 말씀하시던 '불평을 시작하면 한이 없으니 현재에 만족하고 모든 것을 감사히 생각하자'라는 가르침을 몸소 실천하셨다.

어머니와 아버지께서 함께 사신 날이 많지 않다. 늘 여러 명의 다른 여자와 아버지의 사랑을 공유해야 했다. 그러나 어머니께서는 한 가지 자부심이 있었다. '죽어서 너희 아버지 묘소에 들어갈 사람은 나 하나뿐이다'라는 다른 어떤 여자도 범접할 수 없는, 정비正妃로서의 자부심이었다.

하지만 어머니께서는 돌아가신 후 시아버지 고종 황제의 홍릉 뒤편에 따로 묻혔다. 아버지 곁에 묻히고자 했던 그 소박한 소망은 어머니께서 돌아가신 지 30년 후에야 이뤄졌다.

대한제국의 사람들

영친왕 이은(英親王 李垠, 1897~1970)

대한제국의 마지막 황태자. 고종의 일곱째 아들이며 순종의 이복 동생으로 생모는 귀비 엄씨이다. 1907년 황태자에 책봉되었으나 그 해 12월 유학이라는 명목으로 일본에 인질로 잡혀갔다. 1910년 국권이 상실된 후 왕세제王世弟로 격하되었고, 1926년 순종이 세상을 떠난 후 왕위 계승자가 되어 이왕이라 불렸으나 귀국할 수 없었다.

1920년 4월 일본의 내선일체 정책에 따라 일본 왕족인 마사코(이 방자)와 정략결혼을 했다. 일본 육군사관학교와 육군대학을 거쳐 육군 중장을 지내기도 하였다. 해방 직후 귀국하려 했지만 국교 단절과 국내 정치의 벽에 부딪혀 돌아올 수 없었다. 그 후 일본에서 황족으로서의 특권을 상실하고 힘든 나날을 보내던 중 1961년 당시 박정희 국가재건최고회의 의장의 주선으로 국적을 회복하고 1963년 귀국하였다.

귀국할 때 그는 뇌혈전증으로 인한 실어증 상태였고 귀국 직후 혼수상태에 빠져 오랫동안 병원에서 투병 생활을 했다. 1970년 5월 1일 창덕궁 낙선재에서 세상을 떠날 때 그의 나이 73세였다. 그가 세상을 떠난 후 전주 이씨 대동종약원에서는 의민황태자라는 시호를 바쳤다. '의민懿愍'이란 '평생 고난의 길을 걷다'라는 뜻이다.

이방자(李方子, 1901~1989)

영친왕의 비. 일본 왕족 나시모토梨本宮의 장녀로 일본 도쿄 가쿠슈인을 졸업하였다. 1920년 4월 일본 왕의 명령으로 대한제국의 황태자인 영친왕 이은과 결혼하였다. 1963년 한국 국적을 취득하고 영친왕과 함께 귀국하였다. 귀국 후 신체장애자, 정신박약아, 농아와 소아마비아 등을 돌보는 사업을 추진했다. 또 영왕기념사업회를 발족해 이사장으로 활동하면서 영친왕과 황실의 유물을 보전하기 위해 노력했다. 1989년 4월 30일 낙선재에서 세상을 떠났다.

덕혜옹주(德惠翁主, 1912~1989)

고종의 외동딸로 생모는 복녕당福寧堂 양씨梁氏이다. 1921년 일본 거류민들이 세운 일출소학교에 입학하여 일본식 교육을 받았다. 1926년 유학이라는 이름으로 인질이 되어 일본으로 간 덕혜옹주는 일왕가와 화족 집안의 자녀들이 다니는 여자학습원 중등과 2학년에 편입했다.

1929년 어머니 귀인 양씨의 사망과 일본에서의 외로움과 따돌림 등으로 정신적 고통에 시달리던 옹주는 조발성 치매증이라는 정신병 진단을 받았다. 당시 그녀는 정상적인 생활이 불가능할 정도로 병이 악화된 상태였다. 하지만 일본 왕실은 덕혜옹주의 정략결혼을 서둘렀고 남편으로 쓰시마 도주 소 다케유키宗武志 백작을 내정했다. 1931년 5월 결혼한 후 1932년 8월에는 이들 사이에 딸 소 마사에宗正惠가 태어났다.

그러나 덕혜옹주의 증세가 심해지면서 부부의 갈등이 깊어졌다. 게다가 태평양 전쟁의 패전으로 일본 왕족들은 연금을 비롯한 각종 면세 특권을 박탈당했다. 이때 소 다케유키는 백작 작위와 재산상의 특권을 잃었다. 이왕가 역시 왕족으로 간주되어 덕혜옹주에 대한 지원도 끊어졌다.

1946년 소 다케유키는 덕혜옹주를 마쓰자와 정신병원에 입원시켰고 1955년에는 영친왕 부부와 협의한 끝에 이혼했다. 1956년 8월에는 당시 스물네 살이던 그녀의 딸 마사에가 자살하겠다는 유서를 남기고 가출했고 이후 행방을 알 수 없다.

덕혜옹주는 박정희 국가재건최고회의 의장의 도움으로 1962년, 38년간의 일본 생활을 마치고 고국으로 돌아왔다. 그녀는 대한민국 국적을 회복하고 '이덕혜'란 이름을 되찾았다. 창덕궁 낙선재 안의 수강재에서 살던 덕혜옹주는 1989년 4월 21일 77세의 나이로 세상을 떠났다. 옹주가 맑은 정신일 때 쓴 마지막 낙서에는 '나는 낙선재에서 오래오래 살고 싶어요. 전하(영친왕), 비 전하(이방자), 보고 싶습니다. 대한민국 우리나라'라고 쓰여 있었다.

이구(李玖, 1931~2005)

대한제국의 황태손. 고종의 손자이자 영친왕 이은과 이방자의 둘째아들이다. 형 이진李晉이 생후 8개월 만에 사망했기 때문에 이구가 황태손이 되었다. 이구는 일본 왕실학교인 가쿠슈인에서 교육을 받고, 1950년 미국 매사추세츠공과대학 건축학과를 졸업한 후 건축사로 일했다.

1952년 4월 발효된 대일강화조약에 따라 국적이 일본에서 한국으로 바뀌었지만 대한민국 정부의 반대로 귀국할 수 없었다. 1959년 미국인인 줄리아 멀록과 결혼했으나 슬하에 자녀를 두지 못했다. 1963년 11월 부모와 함께 귀국한 후 1965년부터 서울대학교 등에서 건축학을 강의했다.

1970년 아버지 영친왕이 사망하자 황실을 계승했고 1971년에는 영친왕기념사업회를 설립하였다. 1973년 3월 전주 이씨 대동종약원 총재로 추대되었다. 1979년 일본으로 건너간 이후 그곳에서 사업을 했으나 성공하지 못했고 1996년 다시 한국으로 돌아와 전주 이씨 대동종약원 명예 총재를 역임했다. 2005년 7월 16일 도쿄 아카사카 프린스호텔에서 심장마비로 사망하였다.

황태손 이구가 후사를 이을 자손이 없어 전주 이씨 대동종약원과 이구는 2003년에 의친왕의 9남 이갑李鉀(이충길)의 아들 이원李源을 양자로 삼기로 결정하였다. 2005년 이구가 사망하자 이원이 주상主喪이 되어 3년상을 마쳤고 이때부터 이원은 황사손皇嗣孫으로서 5대 제향인 환구단대제, 종묘대제, 사직단대제, 조경단대제, 건원릉대제 등의 초헌관을 맡고 있다.

이건(李鍵, 1909~1990)

고종의 다섯째 아들 의친왕 이강의 장남으로 고종의 장손자이다. 생모는 의친왕의 측실 수관당 정씨이며 아명은 용길이다. 의친왕이 1930년에 강제 은거를 당하자 공위를 세습받아 '이건 공 전하'로 불렸다. 일본 육군사관학교와 육군대학교를 졸업하였고 일본 육군 중좌로 복무했다. 1931년 영친왕비의 외사촌 마쓰다이라 요시코松平佳子와 결혼하였으며, 1947년에 '모모야마 겐이치'로 개명하고 1955년 일본에 귀화하였다. 1990년 12월 21일 일본에서 사망하였다.

이우(李鍝, 1912~1945)

고종의 손자로 의친왕 이강의 둘째아들이다. 아명은 성길이고 생모는 의친왕의 측실 수인당 김흥인이다. 흥선대원군의 장손 이준용이 사망한 뒤 양자로 들어가 운현궁의 4대 종주가 되었다. 이우는 이준용이 가지고 있던 공의 지위를 물려받아 이우 공으로 불림과 동시에 왕공족에게만 허락된 '전하'란 경칭을 받았다. 한일합방 후에는 일본의 화족들처럼 하사금과 품위유지비, 생활비 일체를 지급받았다. 당시 우리나라에서 공의 지위를 가지고 있던 사람은 의친왕 이강과 아들 이우 두 사람뿐이었다.

민족주의적 성향이 두드러졌던 그는 일제의 정략결혼 추진을 거부하고 박영효의 손녀 박찬주와 결혼했다. 도쿄에서 이우의 생활을 지켜보았던 영친왕비는 "이우 공은 평소에 활달하면서 명석한 데다 일본에 저항적이어서 일본인들에게는 말썽꾸러기였다. 일본의 물건은 병적이라고 할 만큼 싫어했고, 특히 일본 음식을 매우 싫어했다. 일본인들의 간섭에 대해서는 사사건건 반발하는 성격이었다"라고 회고했다.

1945년 6월, 이우는 육군 중좌로 진급함과 동시에 히로시마 전출을 명령받았다. 그러나 일본의 패전이 임박했음을 느낀 이우는 병을 핑계로 서울로 돌아와 운현궁에 머물렀다. 1945년 7월 일본의 압력에 못 이긴 이우는 히로시마에 부임하여 근무를 시작했다. 8월 6일 출근을 위해 숙소를 떠난 이우는 부상을 입고 병원에 입원했다. 그날 밤 늦게 의식을 회복한 이우는 의사와 대화를 나누기도 했지만 갑자기 상태가 악화되어 새벽녘에 숨이 끊어졌다. 당시 그의 나이 34세였다.

2009년 《친일인명사전》을 발간한 민족문제연구소는 일제의 육군 장교였고 일본 황족에 준하는 대우를 받았던 공족 중 이우와 영친왕 이은 두 사람은 명단에서 제외했다. 그들이 사실상 인질이었다는 점을 감안한 것이었다.

－〈한국민족대백과사전〉 / 〈위키백과〉 /
이상각, 《한국사 인물열전》 / 정범준, 《제국의 후예들》 참고

아버지 의친왕께서는 살아생전 민중으로부터 존경과 사랑을 받았다. 그 증거 중 하나가 '이강 전하가 ○○하던~'이라는 카피가 들어간 신문 광고들이었다.

망국의 백성들은 그 왕조에 대한 동정과 향수가 남다르게 마련이다. '이강 전하가 손수 고르셔 신고 계시는 만월표 고무신'이며 '이강 전하께서 손수 틀어 육자배기를 들으신 축음기' 하는 식으로 광고 문구에 전하가 자주 등장하는 것을 보면 백성 심정 속의 위상을 미루어 잡아볼 수 있다.

－이규태, 〈이규태 역사 에세이〉, 《조선일보》 1999년 10월 1일
(정범준, 《제국의 후예들》 405쪽 재인용)

최초로 한국 고무신을 신은 이가 왕족 중에 항일 의식이 가장 강했던 의친왕 이강이었다. 의친왕이 신고 다녔다는 사실이 당시 신문에 널리 광고되고 나라 잃은 설움을 고무신 신는 것으로 달랬기에 당시 고무신을 신는다는 것은 일본 제국주의에 대한 저항적 과시로 받아들이기까지 했다.

—이규태, 〈이규태 역사 에세이〉, 《조선일보》 1999년 10월 1일

(정범준, 《제국의 후예들》 405~406쪽 재인용)

이렇게 아버지 의친왕은 당시 사람들에게 항일 정신의 상징으로 여겨졌다. 하지만 오히려 나라를 되찾은 오늘날에는 아버지의 항일 업적이 폄하되어 왜곡되고 있다. 그 점이 내가 가장 안타까워하는 부분이다.

수년 전 '의친왕독립정신현창회'라는 단체가 회원 27명의 연명으로 국가보훈처에 '의친왕 이강 공의 독립 유공자 포상 신청'을 제출했다고 한다. 독립운동단체인 대동단 활동, 상하이 임시정부로 탈출하려 했던 사건, 경남 거창에서 의병을 양성하려 했던 일들을 들어 아버지 의친왕의 독립운동 사실을 인정해 달라는 내용이었다.

그러나 그 신청서는 보훈처의 서훈 심사 내규에 저촉되어 받아들여지지 않았다. 그 심사 내규란 '망국 당시의 왕족이나 고관들은 국치國恥의 책임을 물어 서훈 대상에서 제외한다'라는 항목이다. 그런 내규에 융통성이 생겨서 아버지가 독립 유공자로 인정된다면 더 이상 바랄 바가 없겠다.

하지만 그것이 불가능하다면 아버지 의친왕의 독립 투쟁 기록을 엄정하게 심사하여 그 업적만이라도 제대로 인정하고 평가해 주기를 바란다. 그것이 얼마 남지 않았을 나의 여생의 유일한 소망이며 가장 절실한 바람이다.

어머니 의친왕비는 이렇게 말씀하셨다.

"동서양을 막론하고 한 왕조의 마지막은 비극으로 끝이 난다. 그러므로 우리 황실이 당면한 비운은 당연히 겪어야 할 운명이라고 생각하고 조용히 살아라."

우리 황실 사람들이 겪은 일들을 생각하면 항상 그 말씀이 떠오른다. 왕녀로 산 세월보다 민간인으로 산 날들이 더 오래된 지금, 먼 기억 속 황실의 추억을 되새겨 세상에 이 책을 내놓으며 글을 마친다.

부록
역사 속 사진들

의친왕의 친필

全州李氏大同宗約院

전주 이씨 대동종약원 모임에 참석한 이회창 씨(왼쪽에서 세 번째)

1990년 5월 3일에 열린 회갑연에서의 이해경

여섯째 명길 오빠의 결혼식. 형제 중 유일하게 전통 결혼식을 올렸던 명길 오빠의 결혼식에 여자는 모두 당의를 입었다. 신부의 원삼과 어머니의 당의에는 금박이 둘려 있다. 신부 오른쪽이 이해경이다.

이화여대 음대 동기들. 뒷줄 맨왼쪽이 이해경이다.

┃ 사동궁의 양관(洋館)

참고 자료

- 이해경 저, 《나의 아버지 의친왕》, 도서출판 진
- 오타베 유지 저, 황경성 역, 《낙선재의 마지막 여인》, 동아일보사
- 신복룡 저, 《대동단실기》, 도서출판 선인
- 목수현 · 임민혁 · 최규순 외 저, 《대한제국》, 민속원
- 김이순 저, 《대한제국 황제릉》, 소와당
- 강용자 저, 《왕조의 후예》, 삼신각
- 황인희 저, 《역사가 보이는 조선왕릉기행》, 21세기북스
- 인터넷 〈위키백과〉
- 정범준 저, 《제국의 후예들》, 황소자리
- 송우혜 저, 《평민이 된 왕 이은의 천하》, 푸른 역사
- 한국학중앙연구원 간, 《한국민족문화대백과사전》
- 이상각 저, 《한국사 인물열전》
- 사단법인 전주이씨대동종약원, 《2017 조선왕릉 제향 봉행》

대한제국 마지막 황실

2판 1쇄 인쇄 2023년 4월 15일
2판 1쇄 발행 2023년 4월 20일

지은이 이해경
펴낸이 이윤규
펴낸곳 유아이북스
출판등록 2012년 4월 2일
주소 서울시 용산구 효창원로 64길 6
전화 (02) 704-2521
팩스 (02) 715-3536
이메일 uibooks@uibooks.co.kr

ISBN 979-11-6322-095-4 (03910)
값 17,000원